Le soufisme

JEAN CHEVALIER

Professeur de philosophie
Ancien directeur à l'UNESCO

Deuxième édition

12ᵉ mille

AVERTISSEMENT

Pour éviter des répétitions, les principales références sont indiquées en abrégé dans le texte et complètement dans la *bibliographie* de la fin du volume. L'*orthographe* des noms propres n'étant pas encore unanimement normalisée parmi les islamisants, nous adoptons ici celle d'Henry Corbin, dans son *Histoire de la philosophie islamique*, Paris, Pléiade, vol. 1 et 3, 1974, 1979 ou, à défaut, celle de Louis Massignon dans *Essais sur les origines du lexique technique de la mystique musulmane*, Paris, Vrin, 1968.

La *chronologie* choisie est celle du calendrier le plus répandu, le grégorien. Le lecteur se souviendra cependant que le calendrier musulman commence en l'an 1 de l'hégire, soit 622 de l'ère chrétienne, date du départ du Prophète de La Mekke, qui lui est hostile, pour Médine, où il s'organise. Ce calendrier compte par années lunaires (354-355 jours), si bien que les intervalles numériques entre les deux ères, chrétienne et musulmane, varient selon les périodes.

ISBN 2 13 043805 9

Dépôt légal — 1re édition : 1984
2e édition : 1991, septembre

© Presses Universitaires de France, 1984
108, boulevard Saint-Germain, 75006 Paris

Chapitre Premier

LES ORIGINES DU SOUFISME

1. **Le multiple sens du mot.** — Le soufisme a existé bien avant d'être désigné par son nom. Sous ce même nom, des pratiques et des doctrines variées se sont développées. Le soufisme, plutôt que les soufismes, désignera cependant un ensemble, un et multiple, de composantes, théoriques et pratiques, inégalement réparties dans la réalité historique de ses adeptes ou confréries, mais réunies par une même orientation. Le surnom *al soûfi* apparaît pour la première fois, d'après les documents aujourd'hui connus, en 776 : il est attribué à un ascète irakien. Au IXe siècle, le terme de *soûfiyah* désigne, à Koufah et à Bagdad, des groupes d'ascètes et de mystiques, réputés pour leur austérité ; à Alexandrie, en 821, un groupe de « puritains » insurgés contre la corruption du pouvoir. En 980, à la mosquée du Caire, est instaurée la première chaire d'enseignement soufi ; onze ans plus tard, une chaire se fonde à Bagdad.

Les étymologies variées assignées à ces mots révèlent, plutôt qu'une dérivation philologique certaine, les traits dominants du soufisme reconnus par la tradition. La plus probable de ces étymologies rattache le mot au radical arabe *sûf* (laine). Le soufi serait vêtu d'un manteau de laine, signe extérieur de pauvreté, ou tout au moins d'une volonté de détachement. Les adeptes ne porteront ni tous, ni toujours, l'habit de laine, mais tous cultivent le détachement intérieur qu'il symbolise. Certains adopteront des tuniques usées et rapiécées ; d'autres, des costumes ordinaires, suivant les coutumes de leur milieu. Une certaine élégance orientale ne sera pas toujours exclue : tuniques précieuses et colorées, manches flottantes, culottes bouffantes, cannes sculptées, etc. Mais les maîtres désapprouveront tout exhibitionnisme, misérabiliste aussi bien que luxueux, et des satires moqueuses fustigeront les extravagants. Même s'il n'est point obligatoire, le manteau de laine garde cependant une importance sacrée et initiatique. La cérémonie d'initiation comporte, en effet, l'imposition du manteau *(kirqâh)*. L'initiateur se contente parfois de poser un instant un pan de son manteau sur l'épaule, puis sur la tête, du postulant. Ce tissu de laine est censé transmettre les effluves divins dont il est pénétré. De même, au cours de la danse rituelle *(samâ)*, lorsqu'un mystique laisse tomber son manteau, en accédant à une contemplation extatique, il arrive que des participants s'empressent de ramasser le vêtement et de s'en partager des fragments, comme de reliques imprégnées de pouvoirs surnaturels. Ce serait ensuite une profanation de les vendre.

Une autre étymologie rattache le mot à l'arabe *sâfa, sâfwa* (pureté). Intériorisant son détachement, le soufi purifie ses désirs les plus secrets. Sa vie spirituelle consiste à clarifier tous ses actes jusqu'à la source même de sa responsabilité, l'intention de la conscience. Un disciple du sévère maître de Bagdad, Jonayd, Abou Bakr Chidli (861-945), poussant à l'extrême la pureté exigée d'un mystique, disait que les soufis méritent leur nom « pour un reste qui reste sur eux, sinon aucun nom ne pourrait leur être appliqué ». Le terme a été aussi rapproché de la purification alchimique *(soûfiya)* du soufre rouge.

Une troisième étymologie est avancée, dérivant le mot du grec *sophos*, *sophia* (sagesse). Il s'en dégage l'idée d'une école de sagesse. Il est vrai que le soufisme, tout en relevant de la foi musulmane, s'est développé dans des régions christianisées et hellénisées. Comme certains philosophes, ascètes et mystiques de ces milieux, il tend lui aussi vers la connaissance. Pas n'importe quelle connaissance ! Celle de Dieu-Un par-dessus tout ; de plus, connaissance, non seulement intellectuelle, mais acquise par le détachement du monde, par la pureté du cœur, par l'amour de Dieu. Connaissance savoureuse (*sapida scientia* = sagesse), imprégnée d'un tel amour qu'elle conduit à l'union transformante de la créature humaine en son Créateur lumineux et miséricordieux. Des circonstances historiques contraindront des soufis à un certain ésotérisme ; des théories pourront être considérées comme une forme musulmane du gnosticisme, voire comme un panthéisme. Il reste qu'ils constituent des écoles de sagesse dans l'Islam.

Tels sont les trois caractères principaux, détachement, purification, sagesse, que la sémantique du mot soufisme suggère. L'histoire les développera en de multiples modalités.

2. **Une connaissance par expérience.** — La classification islamique des sciences, d'après les *Prolégomènes* d'Ibn Khaldûn (1332-1406), situe le soufisme parmi « les sciences traditionnelles religieuses ». *Al 'Tasawwuf* signifie « faire profession de soufisme ». On retrouve ici la racine *swf*, qui a donné *sûf*. Ce mot est parallèle à *Tasannon*, « faire profession de sunnisme » ; à *Tashayyo*, « faire profession de shî'isme ». Mais *Tasawwuf* n'est convertible avec aucun des deux autres termes, car le soufisme compte des sunnites et

des shî'ites, tant parmi ses adeptes les plus fervents que parmi ses adversaires les plus résolus. En Iran, toutefois, le terme de *Tasawwuf*, note Henry Corbin, a été supplanté au XVIIIe siècle, en raison d'une longue période de relâchement et d'affadissement, par ceux de *'irfân* (théologie mystique) et d'*orafâ* (théosophes mystiques).

La place que le *Tasawwuf* occupe dans la classification d'Ibn Khaldûn est des plus significatives : entre le *Kalâm*, théologie musulmane orthodoxe classique, et l'interprétation des songes (paroles, visions, images, émotions, merveilleux), c'est-à-dire l'étude des problèmes posés par les sens seconds de la communication. Cette place intermédiaire donne à prévoir les relations, parfois très proches et coopératives, parfois opposées et tendues, qu'entretiendra le soufisme avec la théologie orthodoxe, d'un côté, et, de l'autre, avec une herméneutique ésotérique. La situation délicate, et parfois déchirante, du soufisme se dessine entre ces deux cercles polaires de l'esprit religieux, la conscience et la lettre traditionnelles de l'Islam, l'ouverture sur l'inconscient des archétypes, sur les sens seconds des textes sacrés, sur des cultures étrangères à l'Islam, mais capables d'éclairer la démarche mystique, jusqu'à une profondeur universelle. Les soufis sont les « gens du tasawwuf », c'est-à-dire, selon l'expression de Louis Gardet, d' « une voie d'expérimentation des profondeurs divines, une théologie mystique vécue ». Une telle expérience culminera dans le silence d' « un au-delà du discours » :

> « Il n'y a plus entre moi et Dieu d'explication,
> ni preuve, ni signes pour me convaincre.
> Voici que s'irradie l'apparition de Dieu,
> flamboyante en moi, comme une perle irrécusable. »

(Hallâj.)

C'est le passage de l'état d'immersion dans la matière à l'état de créature transfigurée.

Le soufisme n'est donc pas d'abord une spéculation philosophico-théologique, comme le *Kalâm* ; ni une interprétation des rêves au sens freudien ; ni une théosophie au sens moderne. Il s'annonce avant tout comme une expérience intérieure, une façon de vivre et de se comporter. Autant qu'un « pèlerinage dans les profondeurs », il exprime une « aspiration vers les hauteurs ». Cette opposition des termes marque en réalité le double mouvement des consciences : retraite dans le désert intérieur et la solitude, *instase* où la présence de Dieu s'illumine ; et sortie de soi-même en Dieu par l'*extase* ; alternance si souvent comparée à la systole et à la diastole des battements du cœur. La pensée des soufis se comprendra mieux par l'observation de leur vie que par les mots de leur doctrine, malgré leur abondance, leurs subtiles nuances et leur poésie. Même les plus doctrinaires d'entre les Maîtres attribuent à la vie du mystique plus d'importance qu'à la formulation de sa pensée.

3. **Une situation conflictuelle.** — Le soufisme porte à son plus haut degré la tension qui existe toujours entre une Loi extérieure *(Shari'a)*, ou règle de vie, et la Loi intérieure *(Haqîqa)*, ou la Vérité de Dieu, attestée par la vie du mystique, et non seulement par des mots et des rites. C'est l'origine de la distinction entre l'exotérisme et l'ésotérisme. La Loi *(Shari'a)* oblige à l'observance des rites et actes de dévotion, imposés par les textes sacrés d'une religion donnée, en l'occurrence le Coran, par les traditions remontant au Prophète ou à Dieu même, les *Hadith*, et par les interprétations de juristes et théologiens officiels *(ulemas, fuqaha)*. La *Haqîqa* est la Réalité, en laquelle

le mystique tend à s'unifier, par une réalisation secrète et invisible. Les deux sont complémentaires, l'une faisant appel à l'obéissance, l'autre à l'amour ; l'une réglant la vie extérieure, l'autre animant la vie contemplative. Le soufi se trouve parfois dans une situation ambiguë entre les deux forces de la Règle commune et de l'Appel personnel. Des maîtres soufis, Ghazâli notamment, élaboreront une théorie conciliant les deux tendances, en observant que la Loi est une Réalité, en tant qu'elle représente la volonté de Dieu, et que la Réalité vécue est aussi la Loi, en tant qu'elle est présence de Dieu par la connaissance et l'amour dans le cœur de sa créature. Ils sauvegarderont ainsi la singularité de la vie mystique dans l'orthodoxie de la Communauté traditionnelle de l'Islam.

Bien que les saints musulmans ne s'en réclament pas tous, le soufisme est par antonomase la voie mystique de l'Islam. Il représente le combat spirituel *(jihâd)*, qui exige la purification de l'esprit par l'ascèse, la contemplation *(mushâhada)*, l'invocation de Dieu *(dhikr)*. Tout le psychisme humain, suivant les niveaux de l'anthropologie spirituelle de l'époque, se trouve impliqué dans ce combat intérieur : le *nafs*, la fonction animatrice des organes du corps humain (le *Sâma*) ; le *haq* ou *psychè*, la connaissance et l'affectivité naturelles, le niveau premier de la conscience à l'inconscient ; le *rûh*, ou *pneuma*, l'aptitude de l'esprit humain à participer de l'esprit divin ; le *sirr*, ou *mens*, l'âme capable d'un amour unitif à Dieu. Cette ascension initiatique traverse un labyrinthe d'épreuves qui exige la conduite d'un guide éprouvé et, dans la plupart des cas, l'adhésion à un groupe ou à une confrérie formés sous son autorité. La grâce de Dieu enveloppe ce mouvement pour aboutir à l'illumination. Celle-ci est décrite, tantôt sous son aspect gnostique de connaissance, tantôt sous son aspect éro-tropique d'amour, les deux convergeant vers l'union la plus intime avec Dieu. Cette volonté d'une relation personnelle directe avec Dieu, cette herméneutique des sens seconds de la Parole, symbolique, spirituel, ésotérique, cet effort pour réaliser en soi la Parole par un processus d'identification infiltrent, malgré toutes les précautions prises, un ferment individualiste et déstabilisateur au sein de la Communauté *(umma)* de l'Islam. Aussi les docteurs de la Loi officiels, qui se posent en défenseurs farouches de la tradition et exercent une pointilleuse hégémonie sur la société musulmane, poursuivent-ils les soufis et leurs confré-ries, comme des hérétiques et des traîtres. Sous ce double chef d'accusation, ils s'emploient à les faire condamner, emprisonner, exécuter par les autorités civiles. Ibn 'Arabi a dénoncé avec véhémence ces comportements indignes de *fuqahâ*, tout en implorant sur eux la miséricorde divine. Il y eut cependant des périodes d'apaisement, sous l'autorité de pouvoirs plus tolérants et parfois même acquis au soufisme, malgré les grondeuses oppositions des « tradition-nistes ».

La plupart de ces traits se rencontrent sans doute dans d'autres cadres socioculturels que celui de l'Is-lam. Ils dépassent en effet ses limites temporelles, pour caractériser une certaine attitude spirituelle. Aussi a-t-on parlé d'un soufisme universel et transhisto-rique, allant de Socrate à Gurdjieff et au delà, com-prenant tous ceux qui entreraient dans l'invisible « Collège des esprits libres et éclairés ». Une telle extension ôterait au soufisme son poids historique spécifique et finalement tout sens précis. Notre am-bition se limite ici à donner seulement un aperçu sur le soufisme historique, qui est à lui seul assez diversifié et assez riche de problèmes.

4. **La rupture avec les Juifs et les Chrétiens.** — Tout en se référant à la religion d'Abraham et aux Prophètes bibliques, Mohammad s'est rapidement séparé des religions juive et chrétienne. La rupture avec les Juifs d'abord, puis avec les Chrétiens, est marquée par le changement d'orientation de la prière. Jusqu'en 622, date à laquelle Mohammad passa de La Mekke à Médine, date qui ouvre aussi l'ère de l'hégire, la prière était dirigée vers Jérusalem, centre de la région où se manifestèrent les Prophètes jusqu'à Jésus. Désormais, l'orant se tournera vers la *Kaa'ba* de La Mekke, où une tradition situe la sépulture d'Abraham, le père de tous les croyants monothéistes, lieu également où le dernier prophète, Mohammad, a commencé sa prédication. Cette décision n'alla pas sans provoquer quelques troubles, même parmi ses fidèles. La première sourate révélée à Médine tend à les apaiser : « Les insensés parmi les hommes s'écrieront : Qu'est-ce qui les a détournés de la *Qibla* vers laquelle ils s'orientaient pour prier ? Dis-leur : « L'Orient appartient, « comme l'Occident, à Dieu qui dirige qui il veut vers « un droit chemin... Nous n'avons fixé pour toi la « *Qibla* que pour que tu distingues celui qui te suit « de celui qui se détache de toi. Ce changement est « assurément grave... » » (*II*, 142-145). Ces versets constatent l'échec d'une tentative d'unification de la foi monothéiste, qui ne sera plus professée désormais que par des religions différentes, chacune ne reconnaissant qu'elle-même comme l'interprète le plus fidèle d'une Révélation, qui s'est déployée lentement en deux mille cinq cents ans, d'Abraham à Mohammad. Le Prophète s'efforcera, néanmoins, de rassem-

bler tous les Croyants dans cette « communauté de juste milieu », où il sera « le témoin à l'encontre de tous... de Dieu plein de bienveillance et de compassion à l'égard des hommes ». L'Islam, dès lors, suivra sa voie propre, sans renier pour autant les Prophètes qui l'ont précédé dans l'invocation du Dieu d'Abraham, mais en considérant Mohammad comme « le sceau de la prophétie », celui qui scelle la Révélation en lui mettant un terme définitif. Une ère religieuse nouvelle commence, qui va engendrer le soufisme. Et paradoxalement, au sommet de l'expérience mystique, les soufis rétabliront l'unité perdue, en proclamant la suprématie de l'amour dans la lumière de Dieu.

5. **Les racines coraniques.** — Un savant islamisant, M. Asin Palacios, a présenté le soufisme comme un « Islam christianisé ». Pourquoi pas un « christianisme islamisé » ? Ou deux versions d'un même monothéisme originel, la religion d'Abraham ? Ces formules simplificatrices faussent la réalité complexe du problème, minimisent l'enracinement coranique du soufisme et majorent des influences qui, pour être étrangères au Coran, ne le dénaturent cependant pas. L'une des originalités du soufisme est précisément d'avoir vécu d'abord, puis élaboré, une herméneutique de la prédication du Prophète. Le message coranique s'assimile par la conscience humaine, suivant des degrés correspondant à divers niveaux de lecture. Il y pénètre d'abord par la récitation orale : la plupart des musulmans, 80 % environ, ne savent pas l'arabe, mais avec un profond recueillement, ils écoutent et répètent la lecture du Coran récité en arabe ; d'autres en lisent le texte sans pouvoir le traduire. Le Coran est considéré comme étant par lui-même parole vivante et agissante. La prédication de Mohammad, bien

qu'elle ait été notée au fur et à mesure par des scribes sur des matériaux de fortune et codifiée peu après sa mort par ses compagnons, s'est déroulée dans un milieu de style oral. La transmission orale et la récitation sont une caution d'authenticité permanente, car elles gardent cette forme de style, rythmique et mnémotechnique, propre à la communication verbomotrice. Ce sont des récitateurs qui ont permis d'établir le corpus coranique primitif, sous la direction d'Abû Bakr (573-634), en contrôlant les uns par les autres la parfaite concordance de leurs phrases mémorisées. Et jusqu'à nos jours, l'art, ou le rite, de la psalmodie du Coran est cultivé dans tout l'Islam. Cette sorte de « manducation de la parole », pour employer une expression de Marcel Jousse, comportera chez le soufi, outre le respect du signifiant, une approche de communion avec le signifié. Par le rythme, la répétition, l'attention, l'enseignement, la méditation, la pratique des vertus, l'obéissance aux préceptes, le sens gagne progressivement l'âme entière du récitant jusqu'à « l'intime de l'intime ».

Des érudits qui, eux, savent l'arabe, souvent le persan, le syriaque, le grec, et d'autres langues, ont savamment justifié une herméneutique fondée sur la multiplicité des sens d'un même texte : littéral, historique, éthique, symbolique, mystique. Ils ont ainsi tenté d'expliquer le processus d'intériorisation que d'autres vivent sans souci d'analyse. Les plus élevés de ces sens s'atteignent, non pas par la seule linguistique, ni par l'érudition historique ou philosophique, ni par une raison raisonnante, mais par une connaissance expérimentale d'ordre intuitif : le sens mystique se « réalise » en étant vécu, vu, voulu, par un amour illuminé. Il dépasse les limites de toutes les catégories de la pensée, il se communique, au-delà de la médiation des images, des idées, des émotions, par le « cœur » (*qalb* = le cœur, pris comme organe de la relation de connaissance et d'amour avec Dieu). Il appelle et instaure une connaturalité entre le signifié, que les mots révèlent et cachent, et le sujet, qui le cherche et le découvre. Le sens apparaît dans une union fondatrice. « Il vient à toi, dans la mesure où tu vas à lui », pourrait-on dire avec Ibn 'Arabi. La communion silencieuse dans la Parole l'emporte sur toutes les paroles, tous les rites, toutes les règles écrites, sans pour autant les contredire.

C'est dans cet esprit que le soufi se pénètre du Coran. Prenons, par exemple, la sourate de la destinée (*Al'qadr*) :

> « En vérité, nous l'avons révélé en la nuit de la destinée !
> Qui t'apprendra ce qu'est la nuit de la destinée ?
> La nuit de la destinée vaut mieux que mille mois. »
>
> (*97*, 1-3.)

Ces versets mystérieux recevront mainte interprétation. Les récitant et les méditant, l'esprit éveillé au sens mystique se remémore que la Parole existe en Dieu de toute éternité. De la Lumière infinie elle descend dans la nuit des consciences, qui ignorent ou méconnaissent leur origine et leur fin. La nuit de la destinée s'éclaire à la lumière de la révélation. L'Islam célèbre cette « Nuit de la destinée » avec celle de la dernière « Révélation », dans la nuit du vingt-sixième au vingt-septième jour du Ramadan, le nombre vingt-sept (3 × 9) symbolisant la perfection, la plénitude par excellence, le passage de l'obscurité à la lumière grâce à l'accomplissement de la Révélation, la fin du cycle de la Prophétie, que représente le Coran. Et cette « nuit », où la Parole descend par miséricorde sur la terre, vaut mieux que « mille mois » de recherche, d'efforts et de combat pour l'atteindre, *mille* symbolisant ici une durée indéfinie. C'est dire que la Révélation dépasse le pouvoir de l'homme laissé à lui-même. C'est suggérer aussi que la « nuit » durera pour chaque homme aussi longtemps qu'il n'aura pas ouvert sa conscience au rayonnement de la lumière.

Tout le Coran, même dans l'énoncé de préceptes très simples, se prête à une lecture spiritualisante. Mais certaines sourates, certains versets retiennent davantage la méditation du soufi, ceux par exemple où la relation entre Dieu et les hommes prend le ton d'une pressante invitation, non tant à obéir au Créateur, qu'à l'aimer et à s'unir à lui pour l'éternité. L'obéissance aux préceptes n'est certes point écartée par les mystiques, mais elle se pénètre d'amour, l'acte matériel étant comme irradié par sa finalité, valorisé par l'intention.

Parmi ces textes privilégiés, citons d'abord la Sourate de l'Ouverture : la *fâtiha* (1) : « C'est toi que nous adorons, de toi nous implorons le secours, la direction dans la voie droite, la voie de ceux que tu combles, non celle des égarés. » La Sourate de la Lumière : *An-nûr* (*24*), offre aussi un thème fondamental à l'enseignement soufi. La voie est une marche à la lumière, de l'opacité à la transparence. La même lumière se colorera différemment à travers le vitrail de la diversité humaine : « ... Dieu est la lumière des cieux et de la terre. Sa lumière est semblable à une niche où se trouve une lampe. La lampe est dans un verre pareil à un astre étincelant qui s'allume grâce à un arbre béni : un olivier qui n'est ni de l'orient, ni de l'occident et dont l'huile brillerait sans qu'un feu la touche... Lumière sur lumière » (*24*, 35). Les mystiques verront dans ces derniers mots la promesse de l'union extatique. Ils méditeront aussi avec pré-

dilection sur l'Initiateur de « la Caverne » (*18*, 65-82 ;
39, 22-23) ; sur les « sept dormants d'Ephèse », à
réveiller de leur sommeil (*18*) ; sur les symboles du
Paradis ; sur le pèlerinage intérieur, et les dispositions
spirituelles qui prévalent sur la matérialité des gestes
rituels (*22*, 37) ; sur le caractère personnel des relations
avec Dieu (*33*, 37 ; *80*, 1-16 ; *93*, 1-8) ; sur la réciprocité de son amour (*5*, 54) ; sur les Anges (*35*, 31-39) ;
sur l'envol nocturne du Prophète vers Jérusalem (*17*)
et sa vision extatique : « ... près du lotus de la limite,
non loin de l'asile paradisiaque » (*53*, 14-15). Le Coran
est jaillissant de ces étincelles propres à enflammer le
cœur du contemplatif. On comprend dès lors le jugement d'un Henry Corbin, rejoignant ici Louis Massignon : « Le soufisme est par excellence l'effort d'intériorisation de la Révélation coranique, la rupture
avec la religion purement légalitaire... conduisant à
la conscience que Dieu seul peut énoncer lui-même,
par les lèvres de son fidèle, le mystère de Son unité. »

6. **L'environnement culturel.** — L'évolution du sentiment religieux dans l'Islam reflète nécessairement les
cultures des pays où il se répand. Déjà, le Coran est
rempli d'allusions à la Bible, aux Juifs et aux Chrétiens, ainsi qu'aux idolâtres. Le cycle de la Révélation
comprend les Prophètes d'Israël (*43*, 57-65). Une
sourate, admirable de respect et de poésie, est consa-
crée à Marie (Maryam), Vierge et Mère (*19*). Si son
idée du monothéisme interdit à Mohammad de croire
à la Trinité et à la divinité de Jésus, il reconnaît cependant sa mission d'envoyé de Dieu et sa conception
miraculeuse (*4*, 171-175). Mais Jésus ne peut être le
fils du « Dieu unique, Dieu absolu, qui n'a ni engendré,
ni été engendré. Nul n'est en état de l'égaler » (*12*,
2-3).

Les groupes, puis les confréries, se formèrent d'abord dans des régions christianisées, où abondaient écoles, clergé, couvents. Comment eussent-ils pu l'ignorer ? Les pratiques des vertus, les voies de l'union mystique, les organisations communautaires, n'ont pas besoin de recourir à une imitation délibérée pour se ressembler. Elles s'orientent spontanément vers les mêmes formes. La recherche d'un même but spirituel s'appuie sur une structure, un dispositif technique, une psychologistique pourrait-on dire, fondamentalement identiques, quelles que soient les différences sociologiques et culturelles. Les vraies différences ou ressemblances sont ailleurs, dans les profondeurs des consciences. Déterminer un jeu d'influences réciproques, d'emprunts formels — à l'avantage obligé des plus anciens témoins — présente un intérêt historique plus que psychologique et doctrinal. Ibn 'Arabi n'hésite pas à dire qu'il a « rencontré de grands mystiques qui suivaient les inspirations du cœur de Jésus ». Des auteurs chrétiens n'hésitent pas davantage, et M. Asin Palacios en donne maints exemples, à puiser chez des maîtres soufis. Que d'analogies ne pourrait-on relever entre un saint Jean de la Croix (1542-1591) et un Ibn 'Arabi (1165-1241), nés tous deux en Espagne ; entre des chants de troubadours et des poètes soufis ! Lors de son séjour à Fès, en 1194, Ibn 'Arabi se lia aussi d'amitié avec des Juifs, qui l'initièrent aux connaissances de la Kabbale, à la mantique des lettres, des nombres, des figures.

Il ne faut certes pas négliger les phénomènes d'interaction, lorsque l'Islam entre en contact avec des cultures étrangères à celle de ses origines : rejets, adaptation, syncrétisme, éclectisme, déviations, ou approfondissements dans l'intelligence de la voie. L'étude de ces échanges interculturels exigerait des volumes. Quand la praxis du soufisme se doublera d'une théoria, à partir du VIIIe siècle pour culminer aux XIIe et XIIIe, quand il développera des synthèses universelles, embrassant le cosmos et l'anthropos sous le regard de Dieu, il s'enrichira de spéculations philosophiques et théologiques. Des œuvres de la pensée grecque, notamment de Plotin, de Proclus, de Porphyre, étaient traduites en syriaque, puis en arabe. Ces traductions déterminèrent une intense activité scientifique, philosophique, théologique, et le mouvement mystique n'y resta pas étranger. Sans modifier sa structure, la langue arabe s'enrichit de mots dérivés du grec, tel *falsafa*, pour désigner la philosophie musulmane hellénistique. L'Egypte ayant été l'un des berceaux du soufisme, il n'est pas surprenant qu'il ait été influencé par l'Ecole d'Alexandrie, avec ses tendances gnostiques, hermétiques, psychagogiques, qui ouvraient une voie sur l'expérience mystique.

Pénétrant en Perse, puis dans l'Inde occidentale et septentrionale, le soufisme connut aussi l'influence du Zoroastrisme et de l'Hindouisme. Il existait des versions du sanscrit en persan, en arabe, d'ouvrages expliquant la pratique et la théorie du yoga, et notamment des Yoga-Sûtra de Patanjali. Dès le début du XIe siècle, ils avaient été traduits par Birûni (m. 1048). Les confréries soufies de l'Asie indianisée n'ignorèrent rien des postures, des techniques respiratoires, de la synchronisation du souffle et de l'élocution (prononcer des syllabes en aspirant, d'autres en expirant, etc.), de l'accompagnement de certaines prières par des mouvements corporels. Tous ces mouvements, extrêmement variés, mais également significatifs, procèdent à la fois d'une physiologie, d'une cosmologie et d'une symbolique, unissant la matière et l'esprit, le corps et le psychique, dans une même dynamique rythmée, comme des manifestations d'une même énergie. Il est certain que la rythmique répétitive de gestes et de paroles, avec ses effets psychologiques d'hypnose, d'hallucinations, d'extases, était connue des maîtres soufis. La conception sous-jacente à de telles pratiques, d'origine hindoue, se serait introduite dans la dévotion musulmane, lorsque les rives de l'Indus furent atteintes, dès le VIIIe siècle, par les troupes de l'Islam.

Quelles que soient les influences, sur sa pratique et sa doctrine, que le soufisme a subies au cours des siècles et en diverses contrées, il demeure avant tout une expérience intérieure centrée sur Dieu. C'est dans la vie même de quelques-uns de ses adeptes que l'on verra le mieux se dessiner ses multiples visages, avant de tenter l'analyse de l'expérience, depuis ses prolégomènes jusqu'à son accomplissement.

Chapitre II

**EXPANSION :
PRÉCURSEURS ET FONDATEURS**

Les traits principaux d'un soufisme un et divers se détachent, dès les premiers siècles de l'hégire, de la vie même des ascètes et mystiques musulmans. A la nouvelle volonté de puissance qui s'affirme, avec les rapides conquêtes de l'Islam, à un respect tout extérieur de la lettre, du culte et des règles coraniques, ils rappellent les exigences d'une transformation intérieure par une totale conversion spirituelle. Voici quelques portraits de ces « saints », choisis pour leur influence, parmi des dizaines d'autres, et dépouillés, autant qu'il est possible, de l'auréole de légende dont les hagiographes les ont gratifiés. Les leçons du soufisme se donnent d'abord par le comportement de ses adeptes.

1. **Premiers témoins.** — Peu après la mort du Prophète (632) se dessine la singulière et grande figure d'un Aboû Dharr Ghifâri. Il vécut à Damas depuis 634 et mourut en exil, emprisonné, en 652, à Rabadhah, près de Médine. Il préconisait l'ascétisme, le jeûne, la continence, la retraite spirituelle dans une mosquée, la sagesse intérieure. Devant le puissant Mu'awiyah lui-même (m. 680), qui deviendra le premier calife

umayyade, il flagellait la convoitise des riches, l'hypocrisie et les mensonges des politiciens, l'usurpation des droits d'Ali au califat. Avec cette morale à incidence sociale et politique, encore entièrement fondée sur le Coran, avec cet appel à des actes authentifiant la foi, avec l'exil et la détention, Aboû Dharr préfigure déjà les futurs maîtres soufis.

Dans ce même milieu et à la même époque, Hodhayfah-ibn Hosayl al Yamân (m. 657) insiste, lui aussi, sur les obligations pratiques de la foi, alors que les conquérants enrichis en prennent à leur aise avec les préceptes coraniques et se contentent de proclamer leur foi en Allâh. Sa distinction des différents états du cœur sera souvent reprise par la suite : « le cœur dénudé du croyant qui reste pur comme un flambeau, le cœur incirconcis de l'impie pris dans sa gaine, le cœur gauchi de l'hypocrite, le cœur lisse (où tout glisse) du pécheur inconstant ». Il croit à la fin des temps imminente et voit dans la souffrance un signe de l'amour de Dieu. S'il n'appelle pas à la révolte contre l'injustice, il la dénonce et s'en désolidarise ouvertement. Mais il voudra toujours sauvegarder l'union de la communauté musulmane.

Imrân-ibn Rosayn Khosâ'i (m. 672) marque un nouveau progrès sur la voie du soufisme. Haut fonctionnaire de la justice à Basrah, il démissionne à la suite d'une faute involontaire, dont il indemnisera d'ailleurs la victime. Malade, alité, il voue à Dieu les trente dernières années de sa vie, qu'il passe dans la résignation à la souffrance, dans la prière, la méditation et l'enseignement. Il se sentait visité par les anges. Il eut parmi ses disciples Hasan Basrî. Avec ces précurseurs, nous tenons les premiers maillons de la chaîne qui rattache les soufis au Prophète et à ses Compagnons.

2. **Hasan Basrî, l'officier converti (643-728).** — La première figure qui se détache nettement comme celle d'un maître du futur soufisme est celle d'Hasan Basrî. Il est né probablement à Médine en 643, d'un esclave et d'une servante. Ses parents accompagnèrent leurs maîtres à Basrah, où il fut élevé. C'est l'époque des grandes rivalités entre les Compagnons du Prophète pour la suprématie du califat. Jeune homme, il sait observer une attitude de neutralité. De trente à quarante ans, il participe à la guerre sainte *(jihâd)* en Afghanistan.

Hasan Basrî, revenu à Basrah, en 682, après s'être distingué dans les combats, est nommé secrétaire du gouverneur du Khorassan. Il participe à l'organisation de cette province colonisée, ainsi qu'à celle du Fars. Il ose formuler une protestation contre l'élévation au califat du fils de Mu'awiyah, Yasid Ier. Toujours est-il que, pendant une vingtaine d'années, il est mêlé à la vie politique. Mais il revient de positions extrémistes contre les abus du pouvoir à une certaine modération et refuse de s'associer à une insurrection. Soupçonné et recherché par la police, il doit fuir et se cacher. A l'avènement d'Omar II, il est nommé cadi (juge) de Basrah. Il démissionne et dénonce avec vigueur les excès de la politique antisyrienne du calife.

Militaire, juge, haut fonctionnaire, il fut en même temps un ascète, un penseur et un orateur. La doctrine politique sunnite qu'il est le premier à élaborer, pour tenter de remédier à la crise de succession des califes, le conduit — étrange logique — sur la voie du mysticisme. La Communauté musulmane *(Umma)* ne gardera son unité, estime-t-il, que par l'obéissance à Dieu, de qui vient tout pouvoir et qui a exprimé ses volontés dans le Coran. Il faut donc obéir aux représentants du pouvoir, tant que leurs ordres respectent la foi islamique, et quels que soient leurs vertus ou leurs vices personnels. Il s'en tint toute sa vie avec fermeté à ces principes : pas de concession de la conscience devant la faute, qu'il convient de dénoncer ; mais pas d'insurrection contre un pouvoir, tenu de Dieu, auquel il convient d'obéir. Cette attitude docile et courageuse, complexe, nullement servile, fut naturellement mal comprise : il fut accusé d'opportunisme et de duplicité, de complicité, de rébellion ou de servilité. Ce n'est pas la violence, enseigne-t-il, qui triomphera de l'injustice et de la cruauté, c'est la pénitence, qui incitera Dieu à nous délivrer de ces malheurs. « On doit aimer, dira-t-il dans un commentaire du Coran (*42*, 22), quiconque se rapproche de Dieu en lui obéissant. » Et si le Prophète est un modèle, que tout croyant doit imiter, c'est parce qu'il est le type même de l'obéissance à Dieu.

Il exprime surtout ce que sera l'espérance soufie : la possibilité de contempler l'essence divine. Tel fut le privilège de Mohammad, lors de son ascension nocturne ; tel sera celui des élus : « Si les fidèles pensaient que, dans l'autre vie, ils ne verront pas Dieu, leurs cœurs, en ce monde, fondraient de chagrin. »

Sa voie est celle d'une « méditation dynamique » (L. Massignon), méthode qui est le fondement de toute mystique : la réalisation de la connaissance dans la vie. Il ne suffit pas de savoir, il faut vivre. La Parole est aussi Action. S'assimiler les préceptes, c'est s'assimiler aux préceptes. Toute l'exégèse mystique tient dans cette méthode bien appliquée de la méditation dynamique.

Il est un autre principe du soufisme que l'on discerne déjà chez Hasan Basrî. S'il reste très fidèle à la pratique des rites cultuels, il estime que ce n'est pas le geste extérieur qui en fait la valeur, c'est l'intention qui prime : « l'intention est plus efficace que l'œuvre ». Mais ce serait abuser de cet axiome et en fausser le sens que de négliger l'œuvre. L'intention en parfait le sens, mais, sans l'œuvre, l'intention manque de fondement. Il accentue la spiritualisation du geste et de la lettre par cette intentionalité tout intérieure et vivifiante. Attentif à l'expérience profonde de son désir, et homme du désir de Dieu, il prête à Dieu même ces paroles : « il Me désire et Je le désire. Et lorsqu'il Me désire et que Je le désire, Je lève les voiles entre Moi et lui » (trad. Louis Massignon).

L'axe du soufisme est là : le désir de Dieu. Les vrais spirituels ont fait de Hasan Basrî « le patriarche de la mystique islamique », le comparant à Abraham, qui avait été, lui, le patriarche de la foi monothéiste.

3. Rabî'a, la Marie-Madeleine de l'Islam (721-801).

— Femme extraordinaire, dont certains traits brûlants rappellent, sur un autre registre, la Marie-Madeleine des Evangiles. Esclave, puis affranchie, joueuse de flûte, Rabî'a semble avoir mené d'abord la vie d'une courtisane. On ne sait vers quel âge, ni sous quelle influence elle se convertit. Dans cette ville de Basrah, qu'elle avait réjouie de sa musique, de ses chants et de ses danses, elle se mit à vivre dans la prière et la méditation, jour et nuit. Elle passait pour être assistée par les anges. Elle composa des chants d'amour, destinés à Dieu même, dont quelques fragments seulement nous sont parvenus. Elle n'a cessé depuis sa mort d'être vénérée comme une sainte. C'est elle qui introduisit dans le soufisme le chant de l'amour divin.

> « Je T'aime selon deux amours, amour [intéressé] de mon bonheur,
> Et Amour [parfait, désir de Te donner ce] dont Tu es digne !
> Quant à cet amour de mon bonheur, c'est que je m'occupe

A ne penser qu'à Toi, seul, à l'exclusion de tout autre.
Et quant à cet autre Amour [de ton Bien], dont tu es digne,
C'est [mon désir] que Tes voiles tombent, et que je Te voie !
Nulle gloire pour moi, en l'un ou en l'autre [amour].
Ah non ! Mais louange à Toi, pour celui-ci, comme pour
celui-là. »

(Les mots entre crochets
sont du traducteur L. Massignon.)

Ce poème sur les deux amours a guidé d'innombrables mystiques et suscité d'intarissables commentaires. La pécheresse convertie résout une antithèse qui deviendra classique. L'amour pur et désintéressé de Dieu n'exclut pas l'autre amour, celui qui pousse à la recherche du bonheur personnel, d'un bonheur à la fois de don et de possession ; mais le mystique, tant il aime son Dieu, ne trouve pas d'expression assez forte pour dire son amour, sauf l'affirmation de son renoncement total pour l'être aimé, l'oubli total de soi-même pour n'aimer que Dieu. Ah ! si mourir pouvait te dire mon amour, comme je voudrais mourir ! C'est une telle disposition, le sentiment d'un abîme entre l'infini de l'amour éprouvé et les limites de l'amour exprimé, qui poussait certains mystiques chrétiens à ces déclarations paradoxales, jusqu'à la contradiction. « Plutôt l'enfer, que de ne pas T'aimer ! » Le langage éclate sous l'explosion d'une telle force, d'un tel désir de se donner. La contradiction même des mots fait ressortir le caractère surhumain, indicible de cet amour. Seule la vision face à face, dans la nudité sans fard et sans apprêt, la vision absorbante de l'Aimé peut satisfaire une telle passion. Je l'aime pour Lui-même, pour Sa Beauté et pour Sa Gloire, et non pour moi, mais pour Lui seul. Cette leçon de Rabî'a dominera toute l'histoire du soufisme.

4. **Dhû'l Nûn, le visionnaire du Paradis (796-856).** —

Dhû'l Nûn Misrî (l'homme au poisson) est né à Ikhmîm, en Haute-Egypte. Il fut initié à la mystique, au Caire, par un maître, Sâ'doûn. Il voyagea beaucoup, en Syrie notamment, où il visita les ermitages ; il fit le pèlerinage de La Mekke. Partout, il recueillait les témoignages des saints, anecdotes, doctrines, sentences, poésies.

C'est un personnage encore énigmatique. On lui attribue des opuscules alchimiques et cabalistiques, ainsi que le déchiffrement des hiéroglyphes, gravés ou peints sur les temples égyptiens. A s'en tenir aux sentences, qui firent l'admiration des soufis de Bagdad, on découvre en lui un adepte de l'amour divin. Il est le premier à enseigner le concert spirituel, le *samâ*. Il décrit en termes enflammés ses visions paradisiaques. Les joies du Paradis sont éternelles : « Celui-là seul revient, qui n'a pas achevé sa route : aucun de ceux qui sont arrivés à l'union n'en est revenu. »

Il développe aussi avec somptuosité l'itinéraire mystique, d'étape en étape, d'état en état, et cette « Montée du Carmel », avant la lettre, restera un modèle pour les théoriciens futurs. Mais ce n'est pas sans raison que Massignon dénonce, chez le mystique égyptien, « une outrance périlleuse, l'amour de la joie mystique pour elle-même ».

Ce grand poète de l'extase a dû faire preuve de beaucoup d'habileté devant ses juges pour échapper à leur condamnation.

Sa tombe, au Karâfâ, est une des étapes dans ce cercle de pèlerinages que parcourent « les martyrs du Désir », pour se pénétrer de l'influence des saints et hâter le règne de la justice et de l'amour.

5. Ibn Adham, premier mystique musulman de l'Iran (716-777). — Les foyers de vie mystique se multipliaient, à mesure que s'étendaient et s'affermissaient les conquêtes. Ils atteignirent, au nord-est de l'Iran, le Khorassan, dès la seconde moitié du IIe siècle de l'hégire. Des colons arabes venus d'Irak amenèrent avec eux des ascètes de Basrah. Ils répandirent des doctrines déjà éprouvées sur les mérites de la contemplation, de la contrition et de l'amour divin. L'un d'eux, Ibrahîm ibn Adham, est « le premier mystique musulman connu » de la région. Sa biographie reste très obscure. Il serait né à Bakr, au début du IIe siècle de l'hégire. C'était un grand seigneur féodal. Il aurait été initié directement par le mystérieux Khidr (voir chap. IV).

Des entretiens directs avec Dieu au cours de ses visions, cette union du cœur de Dieu et du cœur de l'homme, cette espérance de la vision tout voile levé, un état mystique déclaré supérieur à celui des Prophètes, il n'en fallait pas plus pour attirer la foudre. Ibn Adham fut exilé en Syrie, où il mourut. Cent cinquante ans plus tard, cette doctrine enseignée et vécue par un Hallâj conduira celui-ci au supplice de la croix.

Les disciples khorassiens d'Ibn Adham développèrent son enseignement dans le sens d'un abandon total et permanent entre les mains de Dieu. Ils inclinaient à nier la valeur des actes humains, de l'effort, du désir et de l'acquisition des vertus. Il fallait tout attendre de Dieu, se mettre dans un état de mendicité et de disponibilité envers Lui. Cette doctrine de l'abandon absolu, si elle était poussée à l'extrême, risquait de conduire à une certaine indifférence morale, comme le quiétisme espagnol et français pourra en donner plus tard l'exemple. Maintenue dans une certaine mesure, elle a caractérisé l'école ascétique du Khorassan.

6. Ibn Karrâm, fondateur d'une illustre confrérie spirituelle (806-868). — Ibn Karrâm, l'un des maîtres qui exerça la plus durable influence, naquit dans le Sijistan, en Afghanistan, au sud-est du Khorassan, région connue par la célèbre station de Kandahâr. Comme tous les êtres voués à la recherche et en quête d'un maître, il voyagea. Vers l'âge de quarante ans, il fait le pèlerinage de La Mekke, où il passe cinq ans. Après avoir traversé Jérusalem, il rentre en son pays natal, vend tous ses biens et commence sa prédication. Il jeûnait, se levait la nuit pour prier, s'humiliait devant Dieu, méditait le Coran et s'entretenait de pensées et de pratiques pieuses. Ses paroles, toutes pénétrées de sourates coraniques, n'étaient pas une simple répétition du texte sacré ; elles le prolongeaient, suivant les méthodes de l'interprétation ésotérique, mais elles portaient aussi les traces de son expérience, elles avaient l'accent du vécu, elles laissaient passer un peu de ce qu'on appelle l'inspiration privée *(ilhâm)*.

Dans une communauté aux traditions et coutumes strictement gardées, tout ce qui est quelque peu singulier devient vite suspect. Ibn Kharrâm est expulsé du Sijistan ; arrivé au Khorassan, il est emprisonné, puis expédié sur les confins militaires de Syrie. Revenu à Nishâpoûr, il est de nouveau emprisonné. Au bout de huit ans, après une vie cellulaire confite en dévotion, il est libéré par l'émir. Il s'en va à Jérusalem, où il recommence sa prédication publique. Il meurt quatre ans plus tard. Autour de sa tombe, près de la porte de Jéricho, ses disciples édifièrent un monastère, qui devint le berceau de l'ordre mendiant et enseignant des *Karrâmiyah*. Ils fondèrent les premiers collèges musulmans d'enseignement supérieur *(medersas)*, d'où sortirent plus tard les universités. Ces écoles durèrent trois siècles, après quoi elles furent détruites par les persécutions. Mais de là étaient partis de nombreux missionnaires qui islamisèrent les populations à l'est du Khorassan et de l'Afghanistan, jusqu'aux rives de l'Indus.

Ibn Karrâm se révèle à la fois théologien scolastique et mystique. Il recourt à la raison pour ordonner les formules de la foi et les préceptes de la moralité, emprunte des mots étrangers à l'arabe et au persan, forge des mots nouveaux, invente un vocabulaire, qui excitera d'abord la risée des Doctes, puis passera à la postérité, comme un véhicule précis et précieux de la connaissance. Mais cet exercice de l'intelligence s'accompagne chez lui d'un souci de vérification expérimentale, ou plus exactement de la volonté d'accorder sa pensée, son cœur et ses actes. Il ne suffit pas de croire, ni de savoir, il faut adhérer à cette foi de toute son âme, l'aimer et agir en conséquence. Ainsi l'être tout entier est-il unifié par la tradition reçue. Cette réalisation de soi s'opère sous l'influence de la grâce divine, qui inspire et pénètre toute cette vie.

7. **Mohâsibi, maître de l'école de Bagdad (781-857).** — Bagdad allait devenir le centre du mysticisme soufi. Des ermites vivaient isolés dans leurs huttes sur les collines des environs. Des centres religieux attiraient vers la nouvelle capitale des mystiques de toutes les régions. Poètes, compilateurs de sentences, dévôts, malgré leurs divergences d'écoles, faisaient connaître le soufisme dans des cercles élargis, à la cour, comme dans le public populaire des mosquées. Toute une littérature, voire de « véritables encyclopédies », se répandaient, rayonnant de l'Irak sur tout l'Islam.

La première figure dominante de ces cercles est celle de Mohâsibi (« celui qui s'exerce à l'examen de conscience »). D'une tribu bédouine, il est né à Basrah, vers 781. Venu jeune à Bagdad, il meurt dans cette capitale en 857. Il suit l'enseignement de divers maîtres, avant de se convertir à la vie mystique. Bien qu'il respecte les traditions, sa recherche d'un perfectionnement intérieur et son recours à des concepts philosophiques précis le rendent suspect. En 842, l'enseignement lui est interdit par la réaction sunnite. Il laisse cependant une œuvre écrite importante, nourrie de citations de ses maîtres, qui seraient inconnus autrement, et riche de notations personnelles.

L'une d'elles *(Kitâh al Wasâya)* débute par une sorte d'itinéraire philosophique, rédigé sur le ton d'un journal intime, qui inspirera de nombreux imitateurs. Il observe d'abord que la Communauté islamique est divisée « en environ soixante-dix sectes ». On reconnaît là le chiffre qui, chez les sémites, signifie l'indéfini, l'innombrable. A la recherche d'un guide sûr, il se tourne vers ceux dont la vie s'accorde le mieux avec les idées et règles proclamées. Il est ainsi conduit vers le soufisme. Il décrit sa conversion, en traçant le meilleur portrait des soufis de Bagdad, en cette première moitié du IIIe siècle de l'hégire. « L'amour du Seigneur, précise-t-il, est pour eux à l'origine de leur fidélité et de leur propre amour de Dieu. Leur vie sainte est le fruit d'un amour qui les a précédés dans l'existence. S'Il les attire à Lui, avec la création, ils L'attirent à eux et à la création, grâce à cet amour qui les unit. Que ses fidèles se comportent donc avec les autres hommes, comme Il s'est comporté envers eux, tous étant entraînés par la même loi d'amour vers la même unité. » On croirait entendre des échos du Sermon sur la Montagne dans ces paroles de Mohâsibi : « O vous, tous mes témoins ! Celui qui vient à vous malade, parce qu'il ne me trouve pas, guérissez-le ; fugitif, parce qu'il fuit mon service, ramenez-le ; oublieux de mes réconforts et de mes grâces, remémorez-les lui ; certes, je serai pour vous le meilleur médecin, car je suis doux, et celui qui est doux ne prend comme serviteurs que ceux qui sont doux » (traduit par L. Massignon).

Il luttait contre les vices que les stupéfiantes victoires avaient engendrés parmi les dirigeants de l'Islam, contre le luxe et la luxure, l'amas des richesses et les injustices, la gloriole, les fêtes et toutes les mondanités des grands, le faste éclatant, avec son cortège caché de fautes. C'est à l'action et à la prédication véhémentes de Mohâsibi que l'on fait remonter certains interdits, comme la prohibition du vin et de toute boisson alcoolisée, des vêtements de soie et des peintures d'êtres vivants.

Ce que confirmera Mohâsibi, c'est l'accord à rechercher et à réaliser entre la foi, la raison et l'amour : Dieu, premier servi et principe de tout amour ; l'intelligence en quête du devoir, et lui vouant attention et intention ; l'examen de conscience contrôlant les actes quotidiens ; l'amour vivifiant les rites. Cette unité intérieure s'obtient par une éducation méthodique et graduelle, dont Mohâsibi analyse les étapes avec beaucoup de finesse psychologique. Sous l'impulsion constante de l'amour de Dieu, le soufi se joindra à la procession des saints qui se dirige vers la vision de l'Essence divine.

8. Bistâmi, ou l'ivresse de Dieu (800-874). — Abu Yazid Tayfur Bistâmi est appelé le « majeur », ou Bayazid ; un autre Tayfur Bistâmi prendra plus tard le nom de « mineur ». C'est le premier qui est considéré comme l'initiateur de ce soufisme iranien, que Louis Massignon verrait teinté de panthéisme, parce que Bistâmi le Majeur aurait dit : « Je suis celui qui aime, et celui que j'aime », semblant abolir par ces paroles la distinction entre le Créateur et la créature. De telles expressions, à vrai dire, sont coutumières dans le langage mystique et elles n'impliquent pas nécessairement le panthéisme.

Bien qu'il ait joué un rôle éminent dans l'histoire du soufisme, sa biographie reste quasi inconnue. Il semble qu'il ait enseigné le droit musulman, jusqu'à ce qu'il se voue exclusivement à l'oraison contemplative. On ne lui connaît ni maître, ni communauté, mais il se montre informé de toute la pensée mystique. Il n'aurait rien écrit. Ses disciples ont recueilli de ses sentences, mais n'ont formé une école qu'un siècle après sa mort. Alors, les légendes pullulèrent ; 'Attâr les a rassemblées sans beaucoup de discernement.

Bistâmi se considère comme une sorte d'antithèse, par rapport à la douceur d'un Karrâm. Il passe aux extrêmes, il n'est point l'homme des demi-mesures. Un aveu le livre tout entier : « J'ai tant aimé Dieu que j'ai haï mon moi et tant haï le monde que j'ai aimé l'obéissance à Dieu. » D'une volonté implacable contre lui-même, d'une lucidité tranchante, il se décape, il se « desquame », non seulement de toute souillure, mais de tout ce qui pourrait constituer son moi. La créature doit s'annihiler devant le Créateur.

Sa voie est celle de l' « esseulement », qui va jusqu'à n'admettre que la seule existence de Dieu. On comprend que cette attitude ait pu être prise pour une profession de foi moniste : un seul être existe. Mais, pour Bistâmi, elle tend seulement à mettre en relief la transcendance absolument incomparable du Dieu unique, non point la confusion de l'être créé avec l'incréé. Il affirme au contraire par l'infini de son humiliation le néant de la créature et la plénitude du Créateur. C'est un dualisme, dont l'un des termes tend vers zéro, tandis que l'autre est absolument l'Infini. « Dieu considéra, dit-il, toutes les consciences dans l'univers, et Il vit qu'elles étaient vides de Lui, excepté la mienne, où Il se vit en plénitude. » Totalement habité par Dieu, ayant conscience de n'exister que par Lui, il en vient à tenir des propos provoquants : « Mieux vaut pour toi, dit-il à un disciple, me voir une seule fois que voir Dieu mille fois ! » De telles phrases se comprennent, de son point de vue. Celui qui prétendrait avoir vu Dieu mille fois n'aurait en fait jamais vu qu'une image de Dieu construite par lui-même ; voir Bistâmi, au contraire, et le voir une fois, c'est-à-dire tel qu'en Dieu il s'est anéanti, c'est alors se trouver vraiment sur le chemin de la vision de Dieu. Percevoir Dieu à travers cet effacement de l'homme vaut en effet mille fois mieux que d'imaginer l'avoir vu à travers les phantasmes de la création.

Il disait encore, tant il se sentait anéanti en lui-même et envahi par Dieu : « Je suis votre Seigneur suprême ! Je suis le trône de Dieu ! Los à Moi ! Los à Moi ! Que Ma gloire est grande ! » On raconte que des paroles théopathiques (proférées en se mettant à la place de Dieu et en les mettant sur les lèvres de Dieu) sortaient de sa bouche, alors qu'il se trouvait en extase ; mais il se montrait consterné et confondu, quand, revenu à lui-même, on les lui rapportait.

S'il fut banni de sa ville natale, à plus d'une reprise, ce n'est pas seulement pour des interjections de ce genre, qui faisaient crier au sacrilège, à la forfanterie ou à la folie, mais parce qu'il s'attribuait un voyage céleste *(mi'râj)* comparable à l'ascension nocturne du Prophète. Cette vision fulgurante, telle qu'il nous l'a décrite, appellerait une interprétation délicate et complexe, qu'il est impossible ici de développer. Disons seulement que plus la vision est lumineuse, plus le texte qui prétend la traduire est obscur. Car les mots ne sont que des instruments pour aveugles, en attente de l'illumination, ou en exercice préparatoire. Ayant tenté de l'évoquer, Bistâmi se serait écrié : « Tout cela est tromperie. » Il semblerait aussi que son extase ait présenté un caractère trop purement intellectuel. Seul l'amour réalise l'union. Mais un tel amour, avec Dieu ! comment y croire sans effroi. L'évidence fulgurante de l'unité divine, dont Bistâmi a été justement frappé, ne l'aurait pas conduit à cette union, faute d'amour, faute d'avoir cru à l'amour. Il restait trop préoccupé de lui-même, de son être de créature, dont il proclamait le néant. Son anéantissement n'avait pas valeur de don, de projection dans l'Autre. Sa voie mystique tenait plus de la réaction contre les facilités karraméennes que de l'élan spontané d'un amour. Il a compté sur lui pour se détruire, il n'a pas assez compté sur Dieu pour se construire.

S'il n'a pas osé se lancer dans l'aventure de l'amour divin, il faut cependant lui rendre cette justice qu'il a aimé les hommes et que sa recherche ne fut point égoïste. Il a voulu prier pour tous les hommes, et non seulement pour ses coreligionnaires de l'Islam. Il a prié pour Adam « qui vendit la Présence pour une bouchée » ; il a prié pour les Juifs : « pardonne-leur ». Il a prié pour les damnés : « Prends-moi pour leur rançon ! » Il reste dans l'histoire du mysticisme un de ces géants, par rapport à qui les autres mystiques, comme Hallâj, aimeront à se définir, fût-ce pour s'en distinguer.

9. Tostari, le sens de la présence de Dieu (818-896).

— Tostari tient son nom de son lieu de naissance, Tostar (Ahwâz), ville du Khuzistân, en Iran, qui dut sa prospérité à la culture de la canne à sucre, au début de la dynastie des Abbassides, mais qui déclina dès le ixe siècle. C'est là, dans un milieu fortement islamisé et cultivé, que naquit Aboû Mohammad Sahl ibn Tostari Râfi ; en 873 il fut exilé à Basrah, où il poursuivit son enseignement et où il mourut. Ascète énergique, discipliné, instruit, il a élaboré une doctrine, plus morale que spéculative, qui a exercé une grande influence et lui a attiré de nombreux disciples. Il s'en tient à la foi traditionnelle des sunnites, telle qu'elle ressort du Coran et des *hadîth*. Cependant, contrairement à l'opinion commune, il enseigne la survie personnelle de l'âme après la mort. A la différence aussi des théologiens de son époque, et notamment de Tirmidhi, il ne recourt pas à la dialectique pour expliquer sa foi. Ce qui importe pour lui, c'est de la vivre. Dès la prime enfance, le croyant doit s'habituer à vivre en présence de Dieu.

Cette certitude de la présence divine, au lieu d'entraîner un abandon quiétiste à la volonté de Dieu, doit stimuler au contraire l'effort humain *(ijtihâd)*. Si une « touche divine » *(hôl)* lui donne l'impulsion, l'homme doit se conformer aux préceptes par un effort personnel. Cet effort le mettra, sous la permanente mouvance de la grâce divine, en mesure de se perfectionner toujours davantage.

Ce sentiment de la présence de Dieu, l'effort et la pénitence, qui caractérisaient son attitude religieuse, devaient conduire, selon lui, à une sorte de participation de l'essence divine. Lors des états mystiques, visions ou révélations, l'extatique devait se détacher des images, des paroles, des sentiments, de lui-même, des louanges divines elles-mêmes, pour concentrer son attention sur Dieu seul dans un acte de pure adoration. Il ne pouvait définir cet acte, il en avait de quelque manière l'expérience et l'intuition. Plus tard, surtout avec Hallaj, qui fut un de ses disciples, cette intuition se précisera en une doctrine et une pratique de l'union permanente à Dieu. Hallâj était à son service, à Tostar, quand son maître fut exilé à Basrah, où il le suivit (873-875). La tradition soufie a gardé de Tostari, d'une stricte discipline ascétique et morale, le goût de l'effort personnel et de la pénitence, le sens de la présence de Dieu, la certitude de la préséance de l'expérience mystique sur toute autre connaissance. La vision de Dieu, au jour du Jugement, devait récompenser tous les croyants et Satan lui-même serait pardonné.

10. **Jonayd, la fidélité à l'engagement primordial.** — Jonayd est une des figures les plus marquantes dans l'histoire des premiers siècles du soufisme. Il avait été l'élève des plus grands jurisconsultes et théologiens de Bagdad, où il mourut en 911. Il y reçut l'enseignement des meilleurs maîtres soufis. Une prudence tout humaine l'emportait chez lui sur les rigueurs de l'ascèse et les risques de la pensée. Sur la fin de sa vie, après certains procès retentissants contre les soufis, il abandonna l'enseignement spirituel pour se concentrer sur celui du droit. C'était moins dangereux. Mais, avant que les choses se gâtent, il a été, dix-huit ans, le maître principal, l'initiateur doctrinal de Hallâj. Bien qu'il enseignât dans sa maison et ne dirigeât pas une communauté, il portait la robe de laine du soufi. C'était un homme d'une très vaste culture, qui s'étendait non seulement aux docteurs de l'Islam, mais à la riche littérature syriaque.

Au centre de sa pensée se place le principe coranique du Covenant *(mithâq)*. C'est une idée très complexe, qui rappelle celle de l'Alliance, familière dans la Bible, celle d'un pacte entre Dieu et ses fidèles. Mais il s'approfondit ici dans le sens d'une prédestination éternelle et, en réponse, d'un engagement personnel. Cette doctrine se retrouvera dans toute l'histoire du soufisme. Elle s'enracine dans certains versets, de style symbolique et passablement obscur du Coran (*7*, 172 ; *57*, 8). Ce *mithâq* (covenant, pacte primordial) se présente « aux yeux des mystiques, dit G. C. Anawati, comme une déclaration d'amour anticipée faite à Dieu par les prémices de la race adamique en notre nom à tous. Pour retrouver en nous cette acceptation de la volonté divine, il faut un travail profond de purification, un détachement de nos facultés, afin d'atteindre l'*annihilation* (fanâ) *en Celui à qui nous pensons*. Cet état final de notre transfiguration, c'est pour Jonayd le *retour à notre origine*, l'accès à la vie primordiale où l'amour produit par *permutation avec les qualités de l'aimant une pénétration des qualités de l'Aimé* ». Toute l'ascèse vise donc à écarter ce qui détournerait de cette fidélité à l'engagement primordial, seule capable de répondre à l'amour du Créateur et de conduire à cette connaissance amoureuse de Dieu, qui est le but de toute l'existence. L'individu doit anéantir ce qui le distinguera de l'idée éternelle conçue par Dieu le jour du Covenant pour chacun des prédestinés. Amère et drastique doctrine, qui planera sur toute la pensée soufie. Elle inspirera des vies de mortifications physiques, morales, mentales, un « anéantissement graduel et méthodique », jusqu'à l'identification avec l'idée divine primordiale. On devine ce qu'un tel enseignement pouvait déclencher chez un jeune homme de vingt ans comme Hallâj, passionné, pénétré de foi et soulevé par l'amour. « Le vivant, disait souvent Jonayd, c'est celui dont la vie se fonde sur celle de son Créateur, non celui qui la fonde sur la subsistance de sa forme corporelle ; si bien que la réalité de la vie, c'est sa mort, puisque sa mort est l'accès au degré de la vie primordiale » (traduction de L. Massignon). Une telle interprétation du Coran incite à ne plus rechercher la réalisation de soi que dans l'identification à l'idée divine, qui passe par la mort physique, en attendant la résurrection.

Chez tous les soufis, on retrouvera la doctrine et l'exigence du *fanâ*. De l'acquiescement à la volonté divine (covenant) à l'anéantissement du moi *(fanâ)*, de la consomption de la créature à la transfiguration dans l'éternité divine, tel est l'itinéraire mystique proposé par Jonayd.

Un de ses disciples, Aboû Bakr Chibli (861-945), proclame que son « anéantissement » en Dieu le rendait libre :

> « Mon instant s'est éternisé.
> Tu m'as annihilé en Toi.
> Je suis devenu libre de tout. »

11. **Hallâj, le témoin supplicié (858-922).** — Cette figure des plus éminentes de l'histoire spirituelle de l'humanité fut aussi des plus discutées. Pur mystique ou renégat et révolutionnaire ? Témoin inébranlable de sa foi et de son union à Dieu, jusqu'au supplice et à la mort, n'a-t-il pas été appelé « le Christ de l'Islam » ? Comme pour la plupart des soufis, sa vie est un enseignement autant que sa parole. Andallah al Hasayn ibn Mansoûr, surnommé plus tard « le cardeur », al Hallâj, est né en Iran, vers 858, d'une famille d'origine arabe, établie dans le Fars à la suite des conquêtes. Avec elle, il vient en Irak et, à seize ans, il commence son initiation au soufisme à l'école de

Tostarî (818-896). Deux ans plus tard, il est à Bagdad, capitale effervescente, foyer de conflits politiques et religieux, notamment entre sunnites (les traditionnistes, partisans des compagnons du Prophète) et les schî'ites (partisans d'Ali, le gendre de Mohammad, et de sa descendance). Il prie, médite, de préférence dans un cimetière, se met à l'école de divers maîtres et reçoit à vingt ans l'investiture des mains de Jonayd, auprès duquel il restera dix-huit ans. Avec sa femme et son premier enfant, peut-être, il accomplit, vers 895, le pèlerinage rituel à La Mekke, où il s'adonne à une rigoureuse ascèse. Un an plus tard, il revient à Bagdad, auprès de Jonayd. Un désaccord s'élève entre eux à la suite d'une discussion sur la grâce et la vertu, dont le concours paraît au disciple indispensable. Le Maître l'accuse de présomption. Ils se séparent. Hallâj repart pour Tostâr, où il étudie, prie et médite, solitaire pendant deux ans. Il rompt avec les milieux soufis, qui ne le comprennent pas et critiquent sa pensée et son action. Il se met alors à prêcher directement aux foules, avec un succès grandissant. Mais il doit s'éloigner et, pendant cinq ans, il parcourt en missionnaire l'Iran, du nord au sud. Sa vision perspicace du cœur de ses auditeurs lui vaut le surnom, qui passera à la postérité, de « cardeur des consciences », al Hallâj.

Il est soupçonné de collusion avec des mouvements de dissidence, à la fois hétérodoxes, révolutionnaires et rationalistes, tels que, par exemple, les Qarmates. Il se défendra toujours contre ces amalgames. Sous les similitudes verbales des discours de libération, ce qu'il préconise, lui, c'est l'amour de Dieu, jusqu'à l'extase transfigurante. La voie mystique qu'il trace à ses auditeurs comporte toutes les pratiques traditionnelles de la contrition, de la pénitence, de la prière, mais avec tout l'élan sincère du cœur et l'éloignement de ce monde d'illusions. Il décrit les perspectives eschatologiques, qui soutiennent l'attente de cette « lumière scintillante », promise par Dieu à ceux qui répondent à son amour. Il n'exerce ses dons de thaumaturge que pour accréditer sa mission. Il continue d'étudier, de s'instruire, d'écrire ; il ne s'écarte jamais de la plus stricte austérité, ni du sentiment de la présence de Dieu en lui-même, dans laquelle il tend à résorber son propre être.

> « J'ai étreint de tout mon être tout Ton amour, ô Saint !
> Tu t'es tant manifesté qu'il me semble
> qu'il n'y a plus que Toi en moi...
> O Toi, qui m'as enivré de Ton amour,
> ne me rends pas à moi-même,
> après m'avoir ravi à moi-même... »

(Trad. L. Massignon.)

Il passe les années 902-903 à Bagdad, avec sa femme et ses deux fils. Des amis, des disciples, qui s'étaient réunis nombreux autour de lui, s'éloignent discrètement, inquiets des rumeurs et des menaces qui se précisent. Il accomplit un second pèlerinage à La Mekke. A son retour, il s'arrête à peine à Bagdad et s'en va prêcher sa foi en Iran, au Turkestan, au Cachemire, en Chine du Sud-Ouest. Sa réputation ne cesse de grandir et, tout autant, la méfiance. Il éprouve le besoin — est-ce pour accréditer sa mission, pour la vérifier sur les lieux mêmes où le Prophète commença la sienne ? — de se rendre une troisième fois à La Mekke. Il y passe deux ans, en prière, en méditation, en privations. Sa conduite impressionne tous les témoins. Il adresse aux pèlerins rassemblés une exhortation en forme de prière, où s'affirme la foi la plus orthodoxe en la transcendance divine, mais aussi le brûlant désir de l'union mystique :

> « Roi glorieux, je Te sais transcendant...
> au-dessus de tous les concepts...

O mon Dieu, tu me sais impuissant
à T'offrir l'action de grâces qu'il Te faut.
Viens donc en moi Te remercier Toi-même.
Voilà la véritable action de grâces,
il n'y en a pas d'autre ! »

(Trad. L. Massignon.)

Il revient à Bagdad, transformé par son indicible expérience de l'extase. Il parle comme s'il était Dieu même, tant ils sont l'un à l'autre identifiés. Son entourage en est bouleversé. Alors, les griefs se multiplient, ils viennent de tous les côtés. Les politiciens lui reprochent de se comporter en agitateur, les docteurs de la Loi de confondre l'humain et le divin, les autres soufis de rompre la discipline de « l'arcane », en divulguant sans discernement les secrets de l'extase. Les autorités commencent par inculper et emprisonner les rares disciples restés fidèles ; l'un d'eux est exécuté. Un procès est ouvert contre lui, en 910, où éclatent les contresens, les partis pris, les faux témoignages des accusateurs. Emprisonné, il s'échappe et, pendant trois ans, il mène une vie errante et clandestine. Il est découvert et ramené à Bagdad, en 913, où il est incarcéré jusqu'à sa mort, en 922. Cette mort, rapportée par son plus jeune fils, est une des plus émouvantes de l'histoire ; elle est comparable à celle de Socrate et du Christ. Il est conduit sur la place publique, des bourreaux lui coupent les mains et les pieds, le flagellent de cinq cents coups de fouet ; il est mis en croix et des témoins l'entendent dire :

« O mon Dieu, je vais entrer
dans la demeure de mes désirs
et y contempler Tes merveilles ! »

Le lendemain matin a lieu la descente de croix. Il vit encore et s'écrie de tout le reste de ses forces : « Ce que veut l'extatique, c'est l'Unique, seul avec

Lui-même. » Sur ces mots, il est décapité, son corps est roulé dans une natte, arrosé de pétrole, brûlé et ses cendres, du haut d'une colline, sont dispersées au vent. La tête est exposée, piquée au sommet d'une lance, sur un pont du Tigre, deux jours durant. Nouvelle figure d'un Juste persécuté, d'un cœur épris d'un amour infini, dont le plus grand des poètes mystiques du soufisme, Jalâloddin Rûmi, dira trois siècles plus tard : « Chaque fois qu'un juge prononce une sentence injuste, il y a un Hallâj qui meurt sur un gibet. »

Ainsi, au milieu du IIIe siècle de l'hégire, les composantes essentielles du soufisme se sont manifestées à des degrés divers, dans les vies des premiers saints de l'Islam, dans des corps de doctrine, des itinéraires vers l'extase, des recueils hagiographiques. Après des persécutions implacables, le soufisme connaîtra une période d'effacement. Mais la force irrépressible du mysticisme, malgré toutes les entraves, ne sera pas brisée. Elle sortira de l'ombre aux XIIe et XIIIe siècles, avec une telle splendeur que cette période pourra être qualifiée « l'âge d'or » du mysticisme musulman. Les grandes synthèses doctrinales se constituent, amplifiées par les apports de l'environnement culturel, englobant l'homme, le Cosmos et Dieu en une vision d'ensemble, orientées vers l'illumination et l'expérience intérieure, dominées par l'exemple héroïque et les sublimes sentences d'un Hallâj. On peut considérer le mystique supplicié de Bagdad, soit comme le point culminant, l'apogée de cette première période, soit comme la lumière qui éclairera tout l'avenir du soufisme.

CHAPITRE III

RÉFLEXION : L'AGE D'OR
(XIIᵉ ET XIIIᵉ SIÈCLES)

Si l'on voulait écrire une histoire complète du soufisme, il faudrait parcourir toutes les littératures
arabe, persane et turque, et ne pas oublier les traditions
africaines. Nous ne pouvons que silhouetter ici certains personnages des plus prestigieux, chez lesquels
les conflits internes provoqués par les relations du
mysticisme avec la philosophie, non moins qu'avec
les pouvoirs civils et religieux, oscillent entre l'af-
frontement et la tolérance. Ces grands maîtres ne sont
peut-être pas tous des héros, des sages et des saints,
mais chacun dans son ordre représente un sommet.
Avec quel regret ne laissons-nous pas dans l'ombre
tant d'autres esprits, si semblables et si différents, qui
surent vivre et chanter l'amour divin !

1. **Choc et symbiose des cultures.** — La première
confrontation systématique du soufisme avec la pensée grecque remonte sans doute à Farabi (872-950).
Sachant l'arabe, le persan et le turc — soixante-dix
langues, disait-on —, il connaît toutes les sciences, y
compris la musique, et des œuvres traduites en arabe
d'Aristote, de Platon, de Plotin, de Proclus, un peu
confondues sous le même vocable de « philosophie ».
Il mène la vie d'un soufi, pieux et studieux, retiré du

monde, participant aux concerts religieux. Sa dévotion se serait élevée jusqu'à l'extase mystique. Mais sa connaissance du langage philosophique l'incite à distinguer l'union très intime avec Dieu *(ittisâl)* de la fusion unitive *(ittihâd)*, qui semblait identifier la créature à l'Incréé. Il évite ainsi les effusions théopathiques d'un Bistami et d'un Hallâj, « je suis la vérité », qui furent l'une des raisons de la condamnation des mystiques. De même, il emprunte à Aristote, sans doute par l'intermédiaire d'Alexandre d'Aphrodise, sa théorie de l'intellect agent, unique et identifiable avec la lumière divine éternelle, qu'il compare à un soleil, agissant sur l'intellect en puissance de l'homme, comparé à un œil, pour lui donner la vision et l'intellection. Suivant sa formule qui deviendra célèbre, l'intellect agent est le « donateur des formes ». Il emprunte à Platon l'idée de la Cité parfaite, en la plaçant sous l'égide non plus de la raison, mais de la soumission à Dieu par amour, au Dieu représenté sur terre par l'Imam, prophète et législateur, et en la concevant à la mesure de l'humanité, tous les hommes, sans discrimination aucune, formant une communauté unique *(oikoumène)*, où toutes les différences se respecteraient réciproquement, puisqu'elles convergeraient par leurs voies propres vers un même but. Les sunnites n'apprécièrent guère ce beau rêve et il dut quitter Bagdad pour l'Egypte, puis pour Damas, où il mourut, âgé de soixante-dix-huit ans.

Premier mystique à considérer la philosophie, non pas dans le dessein de justifier la foi musulmane devant la raison, comme le faisaient les théologiens du Kalam, mais dans celui d'éclairer l'intelligence sur le processus mystique de sanctification personnelle et collective, Farabi marque un tournant décisif dans l'histoire du soufisme.

Ibn Sîna, ou Avicenne (980-1037), poursuivra ce type de recherche. Outre les œuvres de Farabi, dont il saura par cœur certains passages, il étudie toutes les sciences de son temps, géométrie, physique, médecine, le droit et la philosophie, stimulé par les savants visiteurs que reçoit son père, préfet de district dans la région de Bokhara. Quand il rencontre un problème intellectuel insurmontable, il va en demander la solution à la prière dans une mosquée. Ses connaissances lui permettent de guérir des malades et de rédiger, à vingt et un ans, l'une des premières encyclopédies scientifiques. A la mort de son père, il passe au service du shâh comme jurisconsulte, puis de divers autres princes. Il voyage ainsi pendant une dizaine d'années, hostile au fanatisme et à l'intolérance, qui opposent les diverses tendances de l'Islam. Au cours d'une expédition militaire dans la région d'Hamadan, il meurt d'un traitement trop violent, qu'il aurait pris pour soigner une dysenterie.

Malgré cette vie mouvementée, il compose de nombreux ouvrages (en arabe et en persan), 131 d'authentiques, dit-on, mais dont plusieurs, perdus, ne sont connus que par leurs titres. Ils révèlent une évolution vers la pensée mystique. Le « Prince des médecins » devient « le plus grand philosophe du Moyen Age oriental » réconciliant foi et raison. Sa vie même, fervente et réfléchie, en démontrait la possibilité. Mais le seul fait d'exposer que les articles et les préceptes de la foi musulmane étaient raisonnables paraissait diminuer leur caractère révélé par Dieu et, en conséquence, le responsable d'une telle réduction devenait suspect d'hérésie et de blasphème. Bien qu'il ne semble avoir ni rejoint, ni fondé une confrérie religieuse, son comportement apparaît être celui d'un soufi et beaucoup de soufis, parmi les plus grands, tels Sohrawardî et Ibn 'Arabi, ne laissent pas de se référer à ses œuvres. Son analyse de l'expérience mystique ressemble plus à celle d'une contemplation intellectuelle, à l'exemple d'un Plotin, sauf dans les « Récits mystiques », comme *Le veilleur et l'oiseau* où il développe le thème du *Voyage vers un Orient mystique*. Cet Orient est à entendre, non pas au sens géographique, mais comme le foyer de la Lumière spirituelle, Dieu même, vers lequel le mystique se dirige pour connaître l'Illumination, par la voie de l'ascèse, de l'étude, de la prière, de la méditation. L'épopée mystique à la recherche de la Lumière évoque celle de Parsifal à la quête du Saint-Graal. Le même langage symbolique fait de l'Occident le lieu des ténèbres, de la violence, de la destruction, du couchant et de la mort. S'il n'a pas vécu lui-même l'expérience mystique de l'annihilation en Dieu *(fana)*, chère aux soufis, il connaît leurs témoignages et il considère avec eux que « quiconque aperçoit un vestige de cette beauté (la lumière divine), pour toujours fixe sur elle sa contemplation ; jamais plus, fût-ce un clin d'œil, il ne s'en laisse distraire » (trad. H. Corbin). C'est l'exode définitif de l'Occident vers l'Orient. Le langage symbolique d'Avicenne, dans ses récits mystiques, présente l'aventure humaine comme une dramaturgie grandiose où l'âme, le cosmos et Dieu tendent à se manifester dans la vision d'une commune « héliophanie ».

Abû Hamid Ghazâli (1058-1111) donne à la vie mystique une orientation plus éthique et ascétique que gnostique et contemplative. Il écarte ainsi du soufisme le soupçon d'hétérodoxie. Né au nord de l'Iran, près de Tüs, il meurt dans sa ville natale à cinquante-trois ans, entouré de fervents disciples et d'une admiration unanime. Epoque tourmentée s'il en fut dans la région : des sectes puissantes comme celles des

Assassins et des Yesidis, adorateurs du diable, font régner la terreur. Jérusalem tombe aux mains des Croisés en 1099. On ne s'étonnera pas dès lors que sa critique s'adresse aux chrétiens, aussi bien qu'aux musulmans, qui trahissent leur foi. Il étudie le droit, la philosophie, la théologie, en même temps qu'il s'initie à la mystique, sous la direction d'un oncle réputé. A vingt-huit ans, il reçoit un emploi auprès du fondateur de l'Université de Bagdad, où, à trente-quatre ans, il est nommé professeur. Très instruit, critique et anxieux, il traverse, depuis sa vingtième année, une grave crise intellectuelle. Insatisfait des arguments d'autorité, il en vient à douter aussi des sensations et de la raison. Il confessera dans son auto-biographie, écrite vers la cinquantaine : « Dès ma jeunesse, je me suis précipité sans crainte dans la mer tumultueuse et profonde (de la connaissance)... J'ai pénétré dans les ténèbres et fouillé toute obscurité, j'ai examiné les dogmes de chaque parti et découvert les voies secrètes de chaque secte, afin de savoir qui avait raison... J'ai toujours eu soif de comprendre la réalité... » (trad. T. Sabbagh). Soudain, une illumi-nation, qu'il attribua à Dieu, le tira d'un scepticisme qui allait jusqu'à la dépression : « ... non des preuves ou des paroles, mais une lumière qu'Il mit dans mon cœur ». Il ne cessera, dès lors, d'évoquer avec ferveur cette « Lumière de lumière, Beauté suprême », puis l'émanation des Etres à partir de la Première Intelli-gence, elle-même émanée de l'Un comme la lumière vient du soleil. Il n'hésitera plus à recourir au « sens du symbolisme, au sens d'une correspondance entre le monde sensible et le monde spirituel, au rôle har-monisateur de la musique » (Anawati).

Fort de cette lumière intérieure, qui éclaire en même temps sa foi et sa raison, il soumet à l'examen les « chercheurs de vérité », qu'il classe en quatre catégories : les théologiens, les philosophes, les ésotéristes (bâtiniens), les soufis. Les théologiens, enfermés dans leurs traditions formalistes et légalistes, étouffent les consciences, au lieu de les faire progresser. Les philosophes érigent en systèmes contradictoires leurs propres subjectivités. Les ésotéristes remplacent l'autorité d'une tradition théologique par l'autorité d'un Iman caché, ou d'une Tradition secrète, qui représentent la Révélation de Dieu ; ils font déchoir les symboles en de mystérieuses allégories, semées des confusions les plus subjectives. Avec eux, c'est le problème fondamental de l'herméneutique qui est posé. Il trouvera la réponse dans le soufisme. C'est par « l'expérience de la vie intérieure, par la transformation du caractère », que l'esprit peut atteindre la réalité, qu'il peut être lui-même vérité.

Esprit critique toujours en éveil, il prévient les déviations intellectuelles et morales auxquelles des prétentions pseudo-mystiques pourraient donner prétexte, même chez des soufis égarés ; il dénonce ainsi les libertins, illuminés, vagabonds, cyniques, prêts à toutes les outrances. Son scepticisme n'a pas été vaincu par la raison, mais par cette soudaine illumination et par l'herméneutique soufie de l'expérience intérieure. Aussi renonce-t-il à sa chaire de professeur à Bagdad et se met-il à l'école des grands maîtres spirituels, en Syrie, en Egypte, en Arabie, où il accomplit le pèlerinage de La Mekke. Dans ses conseils aux soufis de son temps, il recommande, outre une foi ardente et pure, l'ascèse, l'humilité, le discernement, la prière et la méditation, et il donne l'exemple de ces vertus. Il se montre réservé quant aux phénomènes dits mystiques et aux paroles extatiques. Aux attaques dont il est l'objet, lui, le brillant dialecticien désormais voué aux mortifications, il ne répond que par l'indifférence. Mais, sur les instances du sultan désireux de combattre les égarements de son époque, il accepte une chaire à Nishapour. Il y achève la rédaction de la *Régénération des sciences religieuses*, immense somme théologique de quelque 4 000 pages in-octavo, qui l'a fait comparer à saint Thomas d'Aquin. Puis il revient vers sa ville natale, à Tüs, vers 1007, où il ouvre un collège *(madrasa)*. Son enseignement ressort dans cet appel à la jeunesse, *O jeune homme*, pour qu'elle suive la voie de la perfection : « Je t'assure, jeune homme, que, si tu marches dans la voie du mysticisme, tu verras des merveilles à chaque étape... Si tu peux donner ta vie, viens à moi ; sinon, le soufisme n'est plus pour toi que futilités. » Enfin, aux approches de la mort, il écrit *Le critère de l'action*, dont le titre même garde des traces de son esprit critique, ouvrage qui sera regardé comme « le bréviaire éthique du musulman ». Il y caractérise la voie soufie *(tarîqah)* par « la prévalence donnée à la lutte intérieure, ... en se vouant de toute sa pensée à Dieu. Dès lors, la Miséricorde se répand sur celui qui s'est astreint à cette discipline, le secret du Royaume lui est dévoilé... Celui qui se donne à Dieu, Dieu se donne à lui » (trad. H. Hachem). S'il n'a pas connu lui-même la faveur de l'extase, dans un élan d'amour, il l'aura du moins justifiée aux yeux de l'orthodoxie et le soufisme lui devra son droit de cité dans la tradition musulmane, où Ghazali est vénéré comme un « phare de doctrine et de sainteté », lui qui s'est efforcé de promouvoir « l'intelligence de la foi ».

2. **Sohrawardî, ou la marche vers la Lumière (1155-1191)**. — Plusieurs soufis célèbres ont porté ce nom. Nous évoquerons seulement la vie dramatique

et l'œuvre significative de Shihâboddîn Yahyâ Sohrawardî. Il est né près de Sohraward, dans la province de Djibal, entre la Caspienne et les monts du nordouest de l'Iran, région que les invasions mongoles ravagèrent quelques années plus tard. C'est à Marâgha, en Afghanistan, petite bourgade de montagne, quelque peu au nord de sa ville natale, qu'il commença très jeune sa formation : traditions coraniques, scolastique islamique ou philosophique, à quoi s'ajoutent les doctrines zoroastriennes. De Marâgha, il descend à Ispahan, où il se familiarise avec l'enseignement d'Avicenne ; il traduit *L'épître de l'oiseau* de l'arabe en persan. C'est là qu'il écrit aussi un de ses premiers traités : *Le jardin de l'homme intérieur*. Les écrits ne circulant pas vite, il voyage, recherchant l'enseignement oral des meilleurs maîtres, le contact personnel, la perception directe de la vie. Réflexion, ascèse, contemplation, il nourrit une exigence intérieure insatiable. Il considère Hermès Trismégiste comme « l'ancêtre de toute sagesse... le héros archétype de l'extase mystique » ; il en rapproche Zoroastre et Platon. Sur le fond musulman de la tradition monothéiste, il en vient à interpréter « les idées platoniciennes en terme d'angélologie zoroastrienne » (H. Corbin). Il conçoit l'expérience mystique comme une lutte entre la Lumière et les Ténèbres, deux tendances antagonistes déchirant le cœur de l'homme. Le soufisme rejoint la voie mystérieuse, que connaissaient les anciens Perses, en s'orientant vers la Lumière. Dans son langage, la Lumière est symbolisée par l'Orient, les Ténèbres par l'Occident, mais cette opposition n'est pas pour le mystique celle d'un dualisme manichéen du Bien et du Mal ; elle ne conduit pas davantage à un monisme suivant lequel les êtres de lumière iraient se fondre dans la Lumière éternelle.

Il ne cesse de professer la foi musulmane en la transcendance absolue de la Lumière divine. « Celui qui se baigne dans cette source (de Lumière) jamais plus ne sera souillé. Celui qui a trouvé le sens de la Vraie Réalité, celui-là est arrivé à cette Source. » Il ne respecte pas la loi de l'arcane et dévoile sa pensée. Il est dès lors accusé de ne pas s'en tenir au message du Prophète. Il estime en effet que, si Mohammad clôt le cycle de la prophétie, l'ordre de la sainteté reste ouvert. Le Saint ne revendique aucun pouvoir temporel et ne doit donc pas inquiéter les autorités. Mais ce que redoutent celles-ci, c'est l'approfondissement de la Loi, qui en fait ressortir l'exigence intérieure d'une transformation de l'homme par la connaissance et l'amour de Dieu. Le saint, par le seul fait d'exister, ne remet-il pas en question les modes de penser et d'agir de tous ceux dont la vie est polarisée sur ce monde, au lieu de l'être sur Dieu ? Même silencieuse, sa vie dénonce l'erreur, la faute et le crime. L'amitié du fils de Saladin le préserve un temps des poursuites policières. Mais Saladin, soucieux de sauvegarder, dans sa lutte contre les Croisés, l'unité des croyants qu'il croit menacée par l'enseignement d'un Sohrawardi, ordonne d'exécuter le mystique soufi. Al Malik tergiverse pour sauver son ami. Sohrawardi est finalement enfermé dans la citadelle d'Alep, où il meurt dans des circonstances confuses. Egorgé, décapité, ou bien d'un jeûne volontaire jusqu'à l'inanition ?

Il devient pour l'histoire « le maître assassiné », pour la philosophie « le maître de la sagesse orientale », pour le soufisme « le maître martyr ». Mort à trente-six ans, il laisse cependant une œuvre considérable, qui inspirera la confrérie des Ishrâqîyûn. On peut dire que son œuvre est née d'une extase, tant elle vibre d'intelligence et d'amour. L'itinéraire qu'elle trace est le fruit d'une expérience vécue : « Ce livre, dira-t-il, c'est l'Esprit saint qui l'inspira à mon cœur, d'un seul coup, lors d'une journée merveilleuse, bien que je n'aie pu réussir à l'écrire que durant des mois... » (H. Corbin). Son originalité dans la tradition musulmane, c'est d'y avoir introduit, sans la dénaturer, l'antique sagesse de la Perse.

3. **'Attar, l'apothicaire saisi par la mystique (1140-1230).** — L'œuvre de Farid-ud-Dîn 'Attar est l'une des plus connues et des plus traduites, parmi l'immense production des penseurs et des poètes soufis. Mais la vie du personnage reste enveloppée « d'une brume d'incertitude et de mystère » (Fyad Rouhani). Il est né dans la banlieue de Nishapour, ville importante et florissante du Khorassan, au nord-est de l'Iran. 'Attar est un surnom désignant « celui qui fait commerce de parfums ». Dès son enfance, il lisait les biographies des saints musulmans ; ce qui l'incitera plus tard à écrire lui aussi un *Mémorial des saints*. Bien que sa profession l'occupât beaucoup — chaque jour, près de cinq cents clients, écrit-il —, il trouvait le temps de lire, de méditer, d'écrire et de voyager. Ses œuvres témoignent qu'il connaissait les traditions coraniques, l'histoire de l'Islam, de ses héros et de ses saints, ainsi que les autres religions, les philosophies et les sciences de son temps, telles que la médecine et l'astronomie. Il ne fait guère preuve d'esprit critique et il mêle légendes et faits historiques dans les anecdotes dont il aime émailler ses poèmes. Est-ce l'effet de ses voyages, de son immense culture, de son ardente contemplation, il condamne sévèrement tout sectarisme. Il en connaît les méfaits, par l'histoire même des saints soufis et par l'observation des mœurs de son temps. Mais il va plus loin qu'une banale tolé-

rance. Il croit à un devenir qui tend vers l'unité : « Je sais de science certaine, écrit-il, que, demain, devant la Porte divine, les soixante-douze sectes ne feront qu'une. Pourquoi dirais-je que celle-ci est mauvaise, celle-là bonne, puisque, si tu regardes bien, elles sont toutes à la recherche de l'Etre suprême. Veuille, Seigneur, que nos cœurs s'occupent uniquement de Toi et rejettent loin de Toi le fanatique. »

'Attar a écrit une œuvre considérable, qui compterait quelque soixante-dix titres : poèmes didactiques, recueils d'anecdotes, etc. En réalité, douze livres peuvent être authentifiés avec certitude, ce qui ne fait pas moins de 50 000 vers, plus le grand ouvrage en prose, le *Mémorial des saints*, qui relate les paroles, les prodiges, les expériences de 72 saints.

L'un de ses livres les plus célèbres est *Le langage des oiseaux*. Chaque oiseau est le symbole d'un type d'âme, d'un caractère humain. Dans le poème, les oiseaux symbolisent les soufis, dans leur diversité. Mais ils se ressemblent en ce qu'ils participent tous à une même recherche, la recherche de la Vérité suprême, qui est aussi l'Amour absolu. Cette Vérité-Amour est symbolisée par le *Simorgh*, oiseau mystique. Il demeure dans la montagne fabuleuse de *Qâf*, l'équivalent de l'Olympe, du Meru, du Paradis ; il est le messager, le bienfaiteur, le maître mystique, la manifestation de la Divinité, mais aussi le *moi caché*, le Dieu immanent, qui se découvre au terme de la recherche. Partir à la recherche du Simorgh, si l'on suit la voie droite, aboutit finalement à la découverte du Soi, du Dieu habitant les profondeurs de l'être. « Anéantissez-vous donc en moi, gloire et délices, et vous vous retrouvez vous-mêmes en moi. » Il serait inexact de voir dans ces poèmes une doctrine panthéiste. C'est tout au plus un panthéomorphisme, c'est-à-dire une apparence de panthéisme, uniquement destinée à suggérer l'intimité, sans exemple ici-bas, d'une union d'amour total, l'union mystique avec Dieu. Il n'est pas d'autre voie pour atteindre Dieu que de se fondre en Lui par l'abandon de l'amour, toute raison à la fois perdue et sublimée, tandis qu'il s'infond en l'amant par le don de son amour. Quelques vers de l'invocation initiale résument bien la voie soufie :

> « O toi qu'on n'aperçoit pas, quoique tu te fasses connaître,
> Tout le monde c'est toi, rien d'autre que toi n'est manifeste.
> L'âme est cachée dans le corps, et tu es caché dans l'âme.
> O toi qui es caché dans ce qui est caché ! »

La doctrine de 'Attar, comme celles de Sohrawardi et d'Ibn 'Arabi, évoque le cycle néo-platonicien de l'émanation-retour. Les âmes procèdent dans leur multiplicité de l'unique flux créateur divin, qui est à la fois idée et amour, et refluent vers l'Unité-source, par la connaissance et par l'amour. Dieu est unité. Dieu est l'Esprit universel : sa manifestation se diversifie dans les formes, dont la multiplicité ne fait que voiler son unité. La profession de foi musulmane, la *Shahâdah*, pourrait, dès lors, se traduire ainsi : « Il n'y a pas d'autre être que l'Etre. » Toute l'œuvre de 'Attar peut être conçue comme un vaste poème, dont les trois parties correspondraient aux trois temps de l'évolution mystique : le sens de l'invisible, l'adhésion à l'énergie créatrice divine, l'union d'amour dans la présence béatifiante de Dieu.

4. Ibn al Faridh, l'ivresse de Dieu (1181-1235). —

Né au Caire, il passe toute sa vie en Egypte, à l'exception de deux pèlerinages à La Mekke. Tout jeune, il s'adonne à l'ascétisme ; il s'éloigne du monde et se retire dans un ermitage. Puis il s'installe au Caire dans un de ces collèges *(Madrasā)* attenant aux mosquées, le collège Sayfiya, où il vit studieux, recueilli, austère, pieux. Comme il demeurait dans les épreuves de la nuit obscure, privé des consolations de l'amour divin, malgré son vif désir, malgré son ascèse et ses méditations persévérantes, il partit pour La Mekke, sur les conseils de son vieux maître. Il y passe une quinzaine d'années et il est enfin favorisé de la grâce de l'illumination. Après un séjour au Caire où il veille sur les derniers jours de son maître et l'ensevelit avec une tendre dévotion, il repart pour La Mekke, vers 1231. Bien qu'il eût poussé très loin les pratiques de l'ascétisme, il était d'une extrême sensibilité. Un chant dans la rue ou sur les bords du Nil, et le voilà tout exalté, pleurant, gémissant, déchirant ses vêtements, perdant apparemment le contrôle de soi. Mais tout ce qui émouvait ses sens devenait signe de Dieu et l'embrasait d'amour : « Quand Il semble absent, mes yeux le voient dans tout ce qui est beau, gracieux et charmant. » Son ivresse procéderait moins de l'amour divin, selon Nâbolosi, le commentateur de l'*Eloge du vin*, que d'un délire des sens et d'une griserie de mots. Bien sûr, il chante le Dieu absent-présent dans toute créature, mais son Dieu paraît plus *immergé* qu'*immanent* dans la nature et sa beauté, et le poète ne va pas assez loin dans l'intériorité de l'être pour y découvrir la transcendance de l'Etre et réaliser la véritable union. La mystique apparaîtrait chez lui comme la matière d'une recherche lyrique, et non comme une recherche spirituelle, si on ne connaissait par ailleurs les goûts ascétiques du poète. Cette ascèse de la vie ne se communique guère toutefois à l'écriture, qui est plutôt luxuriante. Il existait dans la littérature arabe une tradition poétique riche d'un symbolisme érotique et bacchique, qu'Ibn al Faridh a bien connue et qu'il a transposée sur le plan de l'amour divin avec virtuosité. Il a utilisé les ressources verbales de l'amour profane au profit de l'amour sacré. Décrypter ce jeu de symboles pour y découvrir une évocation de la connaissance et de l'amour mystiques dépasserait les limites de ce livre. Mais rien d'étonnant que ces vers pathétiques, pour des initiés, soient encore chantés dans les concerts spirituels et les danses extatiques des confréries soufies. Toutes les beautés de la nature, les étoiles, la lune, la mer, la femme, symbolisent les âmes parfaites, dans la mesure où elles sont perçues, non pas exclusivement dans leur apparence et leurs limites, mais comme reflets de l'Existence suprême. C'est toujours le même thème, orchestré de mille et une façons :

> « Je cours vers les souffles du zéphyr,
> mais mon regard n'aspire qu'au visage
> de celui auquel ils ont pris leur parfum.
> ... Si un autre se contente du fantôme de son image,
> moi, de sa possession même, je ne me rassasie jamais. »

Ibn al Faridh mourut au Caire, à cinquante-quatre ans. Un tombeau lui fut édifié, dans le cimetière de Qarafa, sur les flancs de ce Mogattam, dont les grottes avaient servi de cellule au jeune ermite. Le tombeau, la grotte, le temple, le cimetière, symboles de mort et de germination, où la vie couve dans l'ombre, le poète eût été sensible au rapprochement. Le lieu est devenu un centre de prière et de pèlerinage, une de ces tavernes chères au poète.

5. **Ibn 'Arabi, le « grand maître » de l'ésotérisme musulman (1165-1240).** — Abû Bakr Mohammad Ibn al 'Arabi est né à Murcie, dans le sud-est de l'Espagne. Son père, homme de grande réputation, peut-être fut-il

vizir, comptait Averroès parmi ses amis. Sa famille, d'un rang social élevé, était aussi d'une foi musulmane fervente. Trois de ses oncles se convertirent au soufisme. Depuis plusieurs siècles, le calife de Cordoue rivalisait avec celui de Bagdad. Sa bibliothèque contenait 400 000 volumes. Ibn 'Arabi, avide de s'instruire auprès des plus grands maîtres, voyage à travers l'Andalousie, l'Afrique du Nord et l'Asie Mineure jusqu'aux portes de l'Iran, s'entretenant avec Averroès, avec des mystiques et ascètes soufis, des sages et savants de son temps. Son œuvre, inachevée, ne compte pas moins de 400 titres. Pensée métaphysique, expérience mystique, expression poétique sont inséparables. De cette œuvre immense se dégage une théosophie, où confluent la théosophie « orientale » de Sohrawardi, la théologie sunnite du Kalam, la spéculation shî'ite imâmite, les philosophies hellénistiques, pour former un courant original et irréductible à aucune de ses composantes.

Ibn 'Arabi était sujet à des phénomènes psychiques extraordinaires, prémonitions, communications télépathiques avec des vivants et des défunts, pouvoirs thérapeutiques. Dans ses visions, les pensées mystiques prenaient des figures d'exceptionnelle beauté, remplissant l'extatique d'une joie purifiée de toute angoisse. Henry Corbin interprète ce phénomène en fonction d'un monde « imaginal », avec lequel une conscience éveillée pourrait entrer en relation : « que le Verbe proféré émette une énergie suffisante pour que prenne corps, dans le monde intermédiaire, subtil, la forme personnelle qui lui correspond, ce n'est point là un fait insolite pour la phénoménologie religieuse... ». Ascète aimant méditer dans les cimetières, suivant une coutume soufie, jeûnant et priant, il s'initiait aussi à toutes les sciences de son temps, à la philosophie et à la théologie, ainsi qu'aux connaissances ésotériques, recherchant le sens caché de tous les rapports de signes, nombres, lettres, rêves, astres, événements. « Mes yeux plongeaient plus loin que le monde visible », eût-il pu dire. Son Maître était, par-dessus tous les Sages qu'il avait fréquentés, le maître intérieur, al Khîdr, qui parfois se manifestait à lui, soudain et fugitif. Très jeune, il était déjà écouté pour son savoir, sa sagesse, sa sainteté. Mais il ne tirait pas vanité de ces faveurs et savait avec ironie se railler lui-même.

Le mouvement des astres, des hommes et de toute chose dans l'univers lui paraît dominé par un pôle, centre énergétique qui assure la cohésion de chaque être et la cohérence du tout. Cette vision d'un pôle du temps et de l'espace illustre pour lui la relativité du monde matériel et sa destination globale de manifestation de l'esprit. Il se sent investi de la mission d'enseigner. Il développe une science, qui marquera profondément le soufisme, « la science de la balance ». C'est la capacité de mesurer « l'énergie spirituelle » immanente en un être, un acte, un désir, et même dans une parole et un texte. Cette science comporte une métaphysique, une éthique, une herméneutique. Tout être témoigne de deux tendances, l'une vers le matérialisme et la mort, l'autre vers la spiritualisation et la vie, correspondant à sa double origine matérielle et spirituelle. Le mystique se purifiera de l'une, se réalisera dans l'autre. De même, l'interprétation d'un texte s'en tiendra à sa matérialité, la lettre, le manifesté, le signifié du premier degré, l'exotérique, le *zâhir* ; ou bien, elle s'approfondira dans le sens caché, en dégagera l'esprit, l'ésotérique, le *bâtin*. La science de la balance est tournée vers la rencontre de l'esprit manifesté avec l'Esprit caché, ou, suivant un langage alchimique assez familier à Ibn 'Arabi, vers une mutation de l'être, analogue à celle du plomb vil en or pur : « science divine qui triomphe de la mort ».

Son influence grandissante éveille soupçons et critiques : il est accusé d'hérésie. Il s'étonne : « Comment peut-on emprisonner quelqu'un en l'humanité de qui réside la divinité ? » Un gouverneur avisé le défend à sa manière : « Ce sont là paroles de mystique ferveur ; mais celui qui est intoxiqué ne peut en être blâmé. » Ibn 'Arabi rencontre la malice humaine. Comme tant d'autres mystiques, il a écrit des poèmes brûlants pour chanter les extases de l'amour ; il doit se justifier contre l'accusation d'érotisme, en expliquant le symbolisme ésotérique de ses vers.

Il reprend son bâton de pèlerin. Il est reçu par des rois en Anatolie et en Syrie, il est comblé d'honneurs. Mais il donne aux pauvres les présents qu'il reçoit. A l'âge de soixante ans, il s'installe à Damas. Il est entouré de disciples, de visiteurs ; il donne, avec son enseignement et des conseils, l'exemple d'une vie austère et recueillie. C'est là qu'il meurt ; il est inhumé dans une petite mosquée des faubourgs de Damas. Il avait écrit :

> « Mon cœur avait de multiples passions
> mais la découverte de ton amour en a fait une seule...
> Je laisse aux hommes leur terre et leur croyance,
> depuis que tu es devenu mon pays et ma religion. »

Les soufis reconnaissent en Ibn 'Arabi, même s'ils ne le suivent pas en tout point, le « très grand maître ». Huit cent cinquante-six de ses ouvrages ont été répertoriés. Son *Livre des conquêtes spirituelles de La Mekke (Fütûhât)* est considéré comme la Somme de l'ésotérisme musulman. *Les Gemmes des Sagesses des Pro-*

phètes (Fuçûç) résument, sous le nom symbolique des grandes figures de la Bible et de Mohammad, jouant en quelque sorte le rôle d'archétypes, les approches, les aspects, les noms de la Connaissance de Dieu unifiante. Les figures des Prophètes évoquent chacune l'une des multiples facettes du diamant unique, la Sagesse divine. Ibn 'Arabi écrit ses œuvres sans ordre préconçu, mêlant citations, anecdotes, spéculations, expériences, visions, récits d'extase et déconcertant le lecteur attaché à une dialectique rationnelle. Il n'écoute que « l'Ange de l'inspiration », il fuit les définitions dogmatiques ; les précisions détaillées, qu'il multiplie sur tel ou tel exercice spirituel, ne visent qu'à servir d'itinéraire à l'expérience personnelle de l'unification. Il se refuse à l'incarcération de l'esprit dans les formules, les concepts, les rites, les cultes, qui arrêtent les élans de l'âme sur des expressions tout humaines de l'infini divin, pour s'abandonner totalement à l'attrait du seul amour de Dieu : « Mon cœur est capable (de devenir) toute forme : cloître du moine chrétien, temple des idoles, prairie des gazelles, pierre noire des pèlerins, Tables de la Loi mosaïque, Coran... Amour est mon credo et ma foi. »

Hétérodoxe du point de vue islamique, moniste du point de vue philosophique, l'œuvre d'Ibn 'Arabi suscite de nombreuses critiques. Elle incorpore en effet des éléments divers, sunnites et shî'ites, gnostiques, hellénistiques et kabbalistiques, chrétiens et zoroastriens. Sa complexité, évidemment plus grande que celle d'un Hallâj, ne peut être justement appréciée qu'en fonction d'une herméneutique également complexe, prenant en compte l'ensemble des ouvrages et, comme le dit Henry Corbin, les replaçant dans une « perspective où s'étagent plusieurs plans d'univers, une pluralité de mondes symbolisant les uns avec les autres ». La vie du mystique peut aussi servir de critère, avec ses témoignages d'austérité, de prières, de foi en Dieu, impliquant l'idée d'une transcendance absolue, caractéristique de l'Islam, mais capable aussi d'illuminer l'être qui l'aime et qui le manifeste de toute la force de son être et de son désir. Le langage mystique, trop humain pour une expérience surhumaine, ne perdra jamais sa part d'ambiguïté, ou, comme dit encore Corbin, d' « amphibolie ». « Ce n'est ni monisme, ni panthéisme, précise le profond historien de la philosophie islamique, mais plutôt, si l'on veut, théomonisme et panenthéisme. » Ces termes se réfèrent à la seule considération que l'intelligence peut avoir de la divinité. La relation de Créateur-créature établit entre ses deux termes une coexistence solidaire. Le théomonisme d'Ibn 'Arabi pourrait s'esquisser en ces termes : « L'Essence unique, à laquelle se rapportent les Noms et Attributs, présente deux faces : l'Etre pur qui est l'Etre divin *(Haqq)* et l'Etre conjoint au non-être, qui est le monde des êtres créaturels *(Khalq)*. » De ce point de vue, Dieu seul est ; mais la relation universelle de créature à Créateur fait que tout ne subsiste que par Lui et que Lui ne se révèle que par elle. De même que le créé n'existe que par son Créateur, il ne le connaît que par Lui. Ce qui incite le mystique à pousser cette vérité à l'extrême : c'est Dieu qui se connaît en moi, c'est dans la mesure où je suis Dieu que je le connais. Dieu ne peut être objet de connaissance, non plus que d'amour, si ce n'est par Lui-même, en tant que sujet, ou par un créé assimilé au Sujet divin. Dieu Se pense en moi, si je suis Dieu Se pensant.

6. Jalâloddin Rûmi (1207-1273), ou Mawlânâ, « notre Maître bien-aimé ». — « Le plus grand poète mystique de l'Islam », dit R. A. Nicholson, le traducteur du *Mathnawî* en anglais, qui ajoute : « ce n'est pas là une poésie empruntant les formes de la spéculation panthéiste, mais le panthéisme s'appropriant la foi et la passion qui transmuent la pensée spéculative en mystique ». « Panthéisme oriental », à quoi Claude Huart réduit le soufisme, mais un panthéisme « nullement ascétique, et jaillissant du cœur comme un hymne de joie ». Nous avons déjà signalé ce qu'avait de hasardeux cet encadrement du langage mystique par la grille des concepts philosophiques d'Occident. En fait, dans le monde musulman, le grand poème mystique du Rûmi, le *Mathnawî-e Mawlawi*, a été considéré comme le « Coran persan » et de nombreux passages en sont encore récités ou chantés.

Mohammad Jalâloddin Rûmi est né dans les montagnes d'Afghanistan, à Balk, au sud de Samarcande. Professeur de droit islamique, prédicateur soufi, son père lui donna une éducation pieuse et sévère, tandis que sa mère, une princesse de Kharezm, l'initiait à la musique et au culte de la beauté. Les invasions mongoles, qui atteignirent Balk en 1220, les avaient incités auparavant à quitter la région. Jalâloddin, âgé de quinze ans, aurait rencontré à Nishâpur le maître soufi 'Attar, qui eût discerné les dons exceptionnels de l'adolescent. Sa famille traversa ensuite l'Arménie, l'Irak, l'Arabie, la Syrie ; à Damas, le jeune homme voit le vieux maître Ibn 'Arabi. A dix-neuf ans, il épouse une jeune fille de Samarcande qui lui donnera deux fils. Enfin, toute la famille s'installe à Qonia, en Anatolie, où, en 1230-1231, son père venant de mourir, Jalâloddin le remplace comme professeur, prédicateur et *murshid* (maître spirituel). Il appro-fondit sa formation intérieure. Il s'initie en même temps à la voie mystique, dans la ligne de son père, qualifiée par Henry Corbin de « quiétisme esthétique ». L'amour, pensait-il, est la rencontre de deux désirs : « Si tu désires le Paradis, le Paradis aussi te désire. » Sa renommée de savant, de sage, de thaumaturge ne cesse de grandir.

Il a trente-sept ans, quand une rencontre décisive change sa vie. Shams de Tabrîz est un homme étrange, paradoxal et fascinant, surnommé le « derviche vo-lant », réputé détenir des pouvoirs magiques et divi-natoires. Il sera détesté par les disciples de Jalâloddin pour l'emprise qu'il exercera sur leur maître. Il dis-paraîtra, trois ans plus tard, aussi mystérieusement qu'il est venu, peut-être assassiné, peut-être mort du chagrin d'avoir été abandonné par sa jeune femme, qui préféra l'amour du fils cadet de Jalâloddin. Mais, jusqu'à sa propre mort, vingt-six ans plus tard, le maître lui gardera une indéfectible amitié, exprimée avec ferveur dans le *Dîwan*, « chants d'amour et de deuil », qu'il dédia à celui qui lui avait révélé la pri-mauté de l'amour. Il voit en l'ami disparu la figure de l'Homme parfait, d'un soleil spirituel. Jusqu'à la mort, il ne se vêtira plus que de la robe de laine noire.

Le mystique enthousiaste l'emportera sur le réputé professeur de droit coranique, qui abandonne sa chaire pour enseigner par la poésie, le chant, la musique et l'ascèse la voie de l'union avec Dieu. Selon sa propre image, il est passé « de la Mosquée à la Taverne... de la religion du rite et du savoir, à la religion de l'amour et de l'ivresse », où, selon les symboles des poètes : « le vin remplace la tisane ». Les formules les plus audacieuses expriment le véhément désir de Dieu, la douleur de la séparation, le bonheur de l'union, passant par les symboles du plan humain interpersonnel au plan divin de la fusion :

> « Heureux le moment où nous serons unis dans le palais, toi et moi,
> Avec deux formes et deux visages, mais une seule âme, toi et moi...
> Libérés de nous-mêmes, nous serons unis dans l'extase,
> Joyeux et sans vaines paroles, toi et moi. »
>
> (Diwan, trad. Eva Meyerovitch.)

La connaissance unitive de l'amour est comme un jeu du miroir et du regard. Toute la nature est le miroir de Dieu, mais il faut le regard pour y découvrir son image. Au delà de l'image et des mots, au delà des concepts de la raison, c'est le regard intérieur, et un regard enamouré, qui le découvre au fond de soi-même. Ce regard ne se fixera plus que sur Lui, écartant de sa vue tout ce qui n'est pas Lui. Tout n'est plus que transparence théophanique. Bien plus, toute opacité disparue, ce regard deviendra le Sien, Lui par moi, se voyant Lui-même et moi par Lui devenant son propre regard. Ayant sondé la vanité de toute représentation, qui ne serait pas flèche vers l'au-delà d'elle-même, Jalâloddin ne recherche plus que « la folie de l'expérience du divin ». C'est la vie avec Dieu qui dit la vérité de la vie.

Un de ses disciples, sur sa demande, prend la direction de la *madrassah* (école) qu'il a fondée, pour le décharger, mais il en demeure l'inspirateur. Il conduit le *Samâ*, ensemble de musique, de chant et de danse, prédisposant à l'extase. Tchelebi lui suggère alors d'écrire son enseignement. L'œuvre deviendra le *Mathnawî*, luxuriant poème de 25 000 distiques, « immense rhapsodie mystique persane » (Henry Corbin). Il s'ouvre par le chant mélancolique de « la flûte ». La flûte symbolise le tréfonds de l'âme, gémissant d'être éloignée de son origine et inaugurant le voyage initiatique qui la réintroduit, après les vicissitudes du retour, dans l'Unité finale de l'amour. Pas de métaphysique dans ces chants, pas d'ordre dans cet itinéraire, mais une incantation qui accompagne le pèlerin, quelle que soit sa voie.

Jalâloddin Rûmi meurt le 17 décembre 1273. Il avait écrit ces paroles de consolation :

> « Pourquoi ne veux-tu pas
> Que la partie rejoigne le tout,
> le rayon la lumière ?
> Dans mon cœur je contiens l'univers,
> autour de moi, le monde me contient. »

En une période fort agitée, des points de vue politique et religieux, Jalâloddin a adopté, à la manière de Ghazâli, une attitude prudente en face des diverses factions ; il s'est ainsi préservé des ennuis que pouvaient lui attirer ses libertés de la part des pouvoirs religieux, d'ailleurs assez discrédités. Son enseignement s'inspire de nombreux maîtres. Le Rûmi n'a sans doute pas apporté au soufisme d'élément doctrinal nouveau. Mais il lui a donné par ses poèmes un souffle lyrique passionné. L'amphibologie d'un amour humain-divin et d'une vision panenthéiste de l'univers atteint chez lui son paroxysme avec une profusion verbale scintillante d'images, qui l'a fait comparer au Milton du *Paradis perdu* et au Victor Hugo de *La fin de Satan*.

Chapitre IV

ORGANISATION :
LES CONFRÉRIES

1. **Les trois piliers.** — Dès les premières décennies de l'Islam, des dévots se groupèrent autour des maîtres spirituels dont ils appréciaient l'enseignement. Puis, ils voulurent perpétuer leur influence. Un disciple de Hasan Basri, par exemple, aurait déjà fondé une petite communauté à Abadan, moins d'un siècle après la mort du Prophète (632). C'est ainsi que rapidement se formèrent et se propagèrent des confréries ou des ordres soufis. Ils se distinguent entre eux par ces traits principaux : le Maître-fondateur, auquel se réfèreront tous ses successeurs à la tête de la confrérie ; la Voie qu'il a tracée ou la doctrine ; des liens communautaires plus ou moins étroits. La synthèse de ces trois facteurs confère à chaque ordre son originalité, son unité, sa force et communique à chaque membre le sentiment sécurisant d'appartenir à une organisation stable. Ces avantages sont particulièrement recherchés en des régions et en des siècles traversés par des invasions, des guerres, des rivalités dynastiques, des divisions théologiques, des conflits culturels, engendrant une ambiance angoissante, qu'apaisera l'adhésion à un groupe fondée sur des affinités spirituelles.

A l'intérieur même des confréries existent divers

degrés et formes d'appartenance, depuis les personnes vivant en famille, avec leurs occupations professionnelles, sorte de tiers ordres branchés sur les ordres, jusqu'aux moines, ermites ou cénobites, chacun participant plus ou moins à des exercices communs de dévotion. La diversité et la souplesse de ces organismes religieux leur permettent de jouer un rôle important dans tout l'Islam. Même lorsqu'ils ont été persécutés, ils ont déterminé des remises en question dans toutes les consciences religieuses et jusque dans les allées du pouvoir. Les confréries ont été considérées comme « l'âme de l'Islam » ; on pourrait aussi bien dire l'aiguillon des consciences. La force spirituelle qu'elles représentaient n'était en effet pas sans incidence, favorable ou critique, sur la vie politique et sociale, de même que sur l'éducation et la culture. Elles avaient ouvert, non seulement des couvents, mais des écoles, des hospices, des caravansérails. Leurs membres exerçaient une influence sur le peuple par leurs prédications à l'intérieur des mosquées et aux lieux de pèlerinage. Certaines confréries devinrent même des puissances économiques. Ces centres de rayonnement se nommaient *hânaqâh* au Kirghizistan, *tekke* au Turkestan, *zâwiya* au Maghreb. Dans ces *zâwiya*, parfois très vastes, les pèlerins trouvaient gîte et couvert, un lieu de retraite pour la prière et la méditation, la possibilité d'entretiens avec des maîtres et de participation aux prières collectives des soufis. Des cérémonies, qui n'étaient pas toujours réservées aux cercles limités des derviches ou des initiés, comme des *samâ* (concerts spirituels avec chant, musique et danse) ou des *dikhrs* collectifs, attiraient un public fasciné par la manifestation du sacré et par l'évocation de réalités invisibles. Une aura de mystère enveloppait ces exercices soufis comme d' « un cercle magique », suivant un mot de Guillaume de Humboldt. Mais à mesure que le soufisme s'organisait et engendrait des institutions, ce qu'il fit surtout entre les XIIᵉ et XIIIᵉ siècles, il courait le risque de perdre de sa pureté mystique, se banalisant en « religion populaire », plus portée au culte extérieur de « saints » qu'au perfectionnement intérieur. Au cours d'une telle évolution apparurent, étroitement mêlés, des formes et des degrés de vie religieuse, allant des plus purs et des plus élevés aux plus superstitieux et aux plus suspects. La loi d'entropie affecte aussi les sociétés. Des milieux composites devenaient propices aux phénomènes variés du « merveilleux » : exaltation, possession, guérison, miracle, l'usage même des drogues ou des fumeries d'opium n'étant pas toujours exclu. « Dans l'Iran du XVᵉ siècle, couvert de *hânaqâhs*, écrit Jean Aubin, on vit dans un monde de rêves, de présages, de prémonitions, de symboles. »

2. **Trois grandes périodes.** — Des historiens qui ont particulièrement étudié l'histoire fort compliquée des confréries soufies, tels que J. Spencer Trimingham et Paul Nwyia, distinguent des périodes dans l'évolution du mouvement. Selon l'historien britannique, la première période, qu'il considère comme l' « âge d'or du mysticisme », ressemble fort à ce que seront plus tard les débuts de l'ordre des Franciscains. Le Maître et quelques disciples parcourent les chemins, vivant ensemble sans règles précises ; l'enseignement est empreint d'une certaine émotivité ; les pratiques de dévotion n'excluent pas les formes individuelles. Sous le contrôle du Maître, librement recherché, tout paraît spontané. C'est comme un jeu alterné de recueillement et d'enthousiasme, confinant parfois à l'extase.

Avec la seconde période, se définissent les voies *(Tarîqat)*. Cette période fleurit sous les Seldjoucides du XIIᵉ au XVᵉ siècle, de la Syrie et de l'Iran au Maghreb et à l'Andalousie, dans des milieux à prépondérance tantôt sunnite, tantôt shî'ite. Les confréries s'organisent, les doctrines, les méthodes, les règles de vie se sont précisées. Un compromis s'établit entre l'esprit mystique, le respect de la tradition, le juridisme coranique. Des méthodes d'entraînement collectif, dynamisme de groupe avant la lettre, se proposent pour conduire à l'extase.

Une troisième étape s'ouvre au XVᵉ siècle, avec la constitution de l'Empire ottoman (1453 = prise de Constantinople). Les ordres soufis se multiplient sur la base de l'allégeance à un Maître, qui se relie personnellement à une chaîne initiatique, organise sa communauté avec des subordonnés, dispense un enseignement, impose des règles de vie et de dévotion, entretient le culte des saints. J. S. Trimingham qualifie, en termes des plus contestables, la première étape d'aristocratique, la seconde de bourgeoise, la troisième de populaire.

Cette classification par périodes est évidemment simplificatrice. L'auteur n'en est pas dupe et, sous les variations périodiques, il discerne des constantes essentielles. Il est certain que le souffle mystique des origines a subi la pression d'une tendance à s'institutionnaliser pour lutter contre de dangereuses déviations et confusions. Il en est ainsi venu à définir des doctrines, des méthodes et des règles, ainsi qu'à accepter des compromis avec les pouvoirs politiques et religieux. Le soufisme, persécuté d'abord pour son mysticisme, qui l'affranchissait de la tutelle légaliste et ritualiste, l'a été ensuite pour sa force sociale, qui faisait des confréries instituées des centres potentiels de contre-pouvoir.

L'analyse de l'évolution des confréries, faite par Paul Nwyia, s'attache davantage à ses facteurs internes. Dès ses débuts en Islam, la recherche de l'expérience mystique s'affirme par un certain détachement vis-à-vis des pratiques légales, rituelles et conventionnelles. Elle vise à une réalité intérieurement vécue au delà des apparences trompeuses des observances extérieures. Elle élabore de même une herméneutique du sens caché de la Parole, le *bâtin*, qui s'efforce de discerner l'esprit du texte sous la lettre, le *zâhir*. Un certain ésotérisme va se développer, au niveau des sens profonds du langage, parallèlement à la lecture exotérique, qui s'en tient à la surface des signes. Dans toutes les directions, c'est comme « un appel à l'exode hors des apparences ». A cette phase de la naissance et de l'adolescence, ce qui domine, ce n'est pas encore « l'apparition d'une nouvelle doctrine », qui serait parfaitement structurée, c'est « le prestige religieux d'une personnalité hors pair qui a conscience d'incarner une mission de sainteté prophétique et qui apparaît aux yeux des autres comme investie de pouvoirs surnaturels spéciaux... Il y a une personnalité qui est reconnue ou qui s'impose comme pôle divin des croyants et l'intercesseur universel, confirmé par Dieu au moyen de signes charismatiques et qui, par là, se pose comme un commencement ». Il est, au sens le plus riche du terme, l'initiateur. Rupture et renouveau, telle se présente la confrérie naissante.

La deuxième phase est celle de la maturité et d'une insertion à peu près normalisée dans la société. Les doctrines soufies s'élucident et se structurent, elles défendent leur orthodoxie au sein de l'Islam, elles réconcilient le *zâhir* et le *bâtin*, elles cherchent à neutraliser l'opposition des docteurs de la Loi. Des manuels de soufisme sont rédigés, indiquant les règles de la formation, depuis le postulat et le noviciat jusqu'à l'assistanat et la maîtrise. Al Gazhali est le représentant typique de cette phase, durant laquelle le soufisme acquiert droit de cité.

La troisième phase présente le double aspect d'un déclin et d'une renaissance, selon que l'on considère la désagrégation d'un groupe ou l'apparition de nouvelles formes d'existence. Louis Massignon parle de décadence ; d'autres islamisants discernent des signes de changement, préludant à un renouveau. A l'intérieur du soufisme, conséquence de son développement et de la situation politico-religieuse troublée, l'opposition s'accentue entre sunnites et shî'ites. Une rupture s'accuse entre, d'une part, un mysticisme très intellectualisé, fortement teinté de gnosticisme et sans prise sur les masses musulmanes, et, d'autre part, un soufisme populaire, peu instruit, métissé de croyances magiques et de pratiques fakiriques. Une cassure se produit dans l'ésotérisme lui-même, qui se développe, d'un côté, dans le sens d'une tradition universaliste et hermétiste, où risquent de s'effacer les propriétés spécifiques de l'Islam, et, de l'autre côté, dans le sens de la superstition et de la légende, où se perd tout esprit critique et grandit l'intolérance. Aussi beaucoup de musulmans, aujourd'hui encore, condamnent-ils le soufisme, sous sa forme élitiste, comme un corps étranger à l'Islam, en raison de ses emprunts aux religions et philosophies hellénistiques et orientales, ou bien ils le méprisent, sous sa forme corrompue, comme un phénomène religieux dégradé, fleurissant en milieu religieux peu instruit, sujet à toutes les manipulations politiques. Que de fois n'ai-je pas entendu de ces jugements péremptoires ! Pour apprécier la situation actuelle d'une confrérie, qui put connaître des heures de gloire ou de déclin, il est élémentaire d'observer à quelle phase d'évolution elle se trouve, et dans quelle relation avec son milieu. Il importera de ne pas confondre ces groupes de soufis, vivant au grand jour ou dans une prudente obscurité, avec leur opposé, le maraboutisme ou le sharifisme, qui représentent l'hostilité à la théologie mystique, une tradition légaliste, un instrument des pouvoirs locaux et des pratiques souvent extravagantes de dévotion.

3. **Diversité des confréries.** — Ces confréries sont de diverses sortes. Les unes se distinguent par une sorte d'investiture, de prise d'habit, de transmission du froc *('hirqa)* ; elles doivent attester une succession ininterrompue de cheiks remontant jusqu'au fondateur éponyme. D'autres consistent essentiellement en une direction spirituelle *(hidâyat)* sans transmission d'investiture. Les cheikhs ne sont pas obligés, dès lors, de se référer à une généalogie spirituelle ininterrompue ; ils peuvent se réclamer directement du Prophète, du Khidr, de Dieu.

Les *confréries mystiques* complètent souvent l'influence d'une *madrassa* (école religieuse supérieure). Leurs membres ne restent pas cloîtrés et silencieux dans leurs communautés. Ils se mêlent aux populations, prêchent par la parole et par l'exemple, rassemblent les dévots en des exercices de méditation et de piété, tels que le *dikhr* et le *somâ*, témoignant souvent d'une ferveur mystique.

Ces ordres n'entendent pas constituer des sectes à l'intérieur de l'Islam et du soufisme. Ce sont des groupements par affinités spirituelles qui, dans le cadre général de l'orthodoxie musulmane et de la mystique soufie, se distinguent comme des voies particulières par leur système d'organisation, leurs pratiques, certains traits de leur enseignement. Ils ont tous le souci de se rattacher au Prophète par une chaîne de succession *(silsilāh)*, qui traduit leur volonté d'appartenir à la tradition de l'Islam et d'en refléter un aspect authentique. De ces grands ordres, comme des arbres, ont poussé des surgeons, sous l'influence d'une personnalité puissante qui, ayant réuni autour d'elle des disciples et formé des successeurs, s'est détachée du tronc originel. Ce nouveau groupe se distingue des autres par l'accent mis sur une méthode plus que sur une autre, sur un point de doctrine préféré, sur la vénération particulière d'un saint ou d'un maître, et, parfois, par une volonté de réforme, car l'usure du temps entraîne aussi les congrégations religieuses dans la décadence.

Les causes les plus fréquentes du déclin ou de la disparition des confréries sont nombreuses et complexes. Il en est d'extérieures : invasions étrangères ; persécutions sous prétexte d'hérésie ou de conspiration, deux fautes impardonnables qui sapent la communauté de l'Islam *(Umma)*. D'autres tiennent à des divisions intestines, fomentées par certains membres ou par l'interférence des influences sociales et intellectuelles ; à la médiocrité des maîtres qui se succèdent, soit par élection, soit par hérédité ; mais, surtout, à l'affaiblissement des exigences intérieures au profit de pratiques extérieures ; à la recherche d'effets de type plutôt psychédélique que purement spirituel. De là, erreurs, licences, corruptions, que l'orthodoxie musulmane a beau jeu de dénoncer. Il arrive alors qu'une élite de soufis s'écarte de la confrérie, pour mener une vie discrète et personnelle d'ascèse, d'étude et de piété. Et c'est le germe d'un renouveau. Périodiquement, des réformateurs se lèvent et, devant la résistance du milieu établi contre lequel ils s'insurgent, ils se voient contraints de fonder une branche réformée de leur ordre d'origine. Il s'est aussi produit dans l'histoire des congrégations soufies ce qui est arrivé aux grands ordres religieux de l'Eglise chrétienne : certains monastères n'étaient plus dirigés que par des délégués de l'abbé ou du cheikh. Ceux-ci résidaient ailleurs, et parfois à la cour des rois. Quand les ordres essaimaient en de nombreux centres, cette délégation devenait nécessaire, ainsi qu'une organisation fonctionnelle et hiérarchisée. Chaque centre avait alors à sa tête un *muqaddam* qui, selon l'importance du centre, pouvait désigner à son tour un adjoint. C'est ainsi que des ordres ont pu s'étendre d'un bout à l'autre d'un vaste Islam, sans trop perdre de leur unité, ni de la *baraka* du chef principal.

La formation des confréries marque la transition entre les « groupes de prières » ou les « associations d'initiés » des origines et des institutions régulières, puissantes et hiérarchisées. Elles auront à se distinguer, en liaison sans doute avec les croisades et la féodalité, sous des régimes politico-religieux ou théocratiques, des ordres de chevalerie *(futuwwā)*, soudés par un vœu d'allégeance remontant jusqu'au calife. Ces ordres rassemblaient aussi des compagnons animés d'un même idéal moral et social, sous la bannière d'un chef incarnant cet idéal. Les vertus politiques et viriles y étaient plus cultivées que les aspirations mystiques qui réunissaient les soufis.

Les confréries soufies ne seront pas sans relation, d'autre part, avec ce que deviendront les corporations artisanales. Dans certains cas, elles leur donneront naissance. Elles entouraient les embryons d'organisations professionnelles d'une aura d'ésotérisme, d'exigences morales et de rites secrets, d'un cérémonial initiatique, qui leur conféraient une sorte de sacralisation.

4. **Persécutions.** — Il est impossible ici de retracer l'histoire de confréries, qui se comptent par centaines et dont plusieurs sont jusqu'à douze fois séculaires. L'*Encyclopédie de l'Islam* a pu identifier 174 des principales *tarîka*, sans compter les rameaux détachés. Il est encore plus difficile de préciser à quelle date une confrérie s'est structurée en plusieurs centres, reliés entre eux par le même maître, la même voie, la même règle communautaire. Ibn Karrâm (m. 868) avait fondé un ordre, qui était plutôt une école de théologie *(Karramiyia)*.

Hallâj (m. 932) avait ouvert à Bagdad une petite communauté-école, où s'enseignaient le droit coranique, la théologie, la mystique. Elle fut dissoute après la condamnation de son chef. Ses membres se dispersèrent. Hallâj n'avait imposé, semble-t-il, aucun signe vestimentaire distinctif. La tradition postérieure prête à ses disciples un mot de passe, attribué au fondateur, qui se communiqua de Bagdad jusqu'en Iran et au Maroc, et qui résume la doctrine de l'union mystique : « Sous mon froc, il n'y a que Dieu. »

Les livres d'al Hallâj furent brûlés et leur vente interdite aux libraires. Si les disciples emprisonnés furent libérés, après l'exécution du maître, ce fut à condition de ne plus propager sa doctrine. Quiconque se déclarait son disciple s'exposait à des poursuites et à la mort. Plusieurs de ses fidèles, saisis dans les provinces, au Khorassan notamment, furent amenés à Bagdad, décapités et leurs têtes furent clouées aux murs de la prison. La répression était impitoyable. Baghdâdi cite les mesures édictées contre les sectes d'apostats, parmi lesquelles était classée celle des Hallâjiyah (Halladjiens) : « Interdiction de se nourrir des bêtes qu'ils égorgent ; d'épouser leurs filles ; de les tolérer en pays d'Islam moyennant une redevance ; obligation de les inviter à résipiscence et, s'ils refusent, de les tuer et de confisquer leurs biens ; quant à la réduction en esclavage de leurs femmes et de leurs enfants, la chose est sujette à discussion. »

Certaines confréries ont subsisté jusqu'à nos jours, telles que, parmi les plus anciennes, la Qadiriyyâh, fondée par Abd-al-Qâdir-al-Gîlâni (m. 1166) ; la Rifâ'Yia, par des disciples d'Ahmad al-Riâ (m. 1183) ; la Suhrawardiya, par des disciples d'Omar Sohrawardi (m. 1234) ; toutes trois se développèrent d'abord en Irak. La dernière se répandit jusqu'en Asie méridionale et se ramifia en de nombreuses branches. Moins de cinq siècles après la mort du Prophète, un des historiens du soufisme, Hujwiri (m. 1074) dénombrait déjà une douzaine de confréries. Deux d'entre elles cependant étaient condamnées par la plupart des soufis eux-mêmes, celle des Hululis, pour sa doctrine d'une incarnation de la Divinité dans le mystique, et celle des Hallâjis, pour son abandon des lois sacrées du Coran. Que cette dernière ait usurpé le nom du mystique décapité de Bagdad ne compromet en rien l'authenticité de la foi et des vertus d'al' Hallâj.

5. **Exemples de continuité.** — La Shâdhilliyyah a été fondée par Abû al-Hasan al-Shâdhili (1136-1258). Aussi grand organisateur que profond mystique, ce fondateur commence son action en Tunisie. Poursuivi par la jalousie que suscitent ses succès de prédicateur, il s'installe en Egypte, à Alexandrie, puis au Caire. Il meurt en se rendant en pèlerinage à La Mekke, alors que Bagdad tombe au pouvoir des Mongols. Sa confrérie se répand rapidement à l'est de l'Egypte,

en Syrie et en Arabie, à l'ouest jusqu'au Maroc et en Andalousie. Après une période où les charismes étaient recherchés, avec le goût de phénomènes paranormaux, la Shâdhillyyah en vint à enseigner le renoncement à ces manifestations extérieures pour se concentrer sur le recueillement intérieur, l'ascèse et la contemplation. Un des représentants les plus connus de cette tendance africano-hispanique est Ibn 'Abbâd, né à Ronda en Andalousie, en 1332, et mort en 1390, à Fès, où il remplissait depuis 1375 les fonctions d'imam et de prédicateur à la Qarawiyin. Ses écrits n'auraient pas été sans influence sur saint Jean de la Croix. Dans un recueil de sentences, les *Hikam*, il développe en effet une doctrine de la « nescience mystique », d'après laquelle Dieu se découvre, obscur et transparent, non par le raisonnement, mais par l'expérience intérieure :

> « Il se voile par sa trop grande Transparence
> et devient Invisible par l'intensité de sa Lumière. »
>
> (Trad. Paul Nwyia.)

Au sud du Maroc, dans le djebel Alam, la tombe d'un des Maîtres de cette confrérie est encore un lieu de culte et de pèlerinage.

Pour la période des XIIᵉ et XIIIᵉ siècles, Ibn 'Arabi (1165-1240) donne de précieux renseignements sur les confréries et les soufis plus ou moins indépendants qu'il a connus, non seulement dans son Andalousie natale, mais en Afrique du Nord et en Asie Mineure. Il cite cinquante-cinq maîtres, seulement parmi ceux qui contribuèrent à sa première formation : ermites, gyrovagues, imâms ou recteurs de mosquées, libres ascètes. Certains, précise M. Asin Palacios, « consacraient leur vie à la défense du droit et à la protection du faible contre la violence et l'injustice ». Des confréries prenaient l'allure d'une chevalerie. Les maîtres andalous ou maghrébins représentaient de nombreuses écoles, congrégations ou tendances religieuses, dont l'unité venait moins d'une règle commune et d'une vie conventuelle, que de doctrines et de pratiques religieuses identiques, malgré des conditions d'existence familiale et professionnelle différentes.

L'ordre *Mawlawiyya*, ou *Jalâliyya*, fut fondé, dès la mort du Mawlânâ (1207-1273) par son fils aîné et ses disciples. Bien avant que prit naissance, à Qonia, sous l'inspiration de Jalallôdin Rûmi, l'ordre des Derviches tourneurs, les *Mewlewis*, des communautés religieuses y florissaient. L'ordre nouveau leur emprunta une partie de leurs règles et de leurs rites, auxquels il ajouta sa note originale. Sous la protection des Seldjoucides, il connut une rapide prospérité, essaima en de multiples centres, tout en gardant une organisation centralisée, avec une hiérarchie héréditaire. Il joua en Turquie le rôle considérable d'une fraternité spirituelle, d'une culture distinguée, à la différence d'un ordre populaire, d'origine obscure, le *Khalwatiyya*, de caractère plus ascétique et plus individualiste. La musique, accompagnée de chants, de psalmodie et de danse, le *Samâ* représentait pour les Derviches tourneurs un exercice mystique de la plus haute intensité. Avec sa complexité réglée jusque dans les détails, cette cérémonie symbolisait la vie tournoyante des sphères, soumettait les passions à un ordre cosmique, renforçait la foi contre tous ses ennemis intérieurs, préparait à l'extase. Quand celle-ci se produisait, elle s'accompagnait tantôt d'un silence immobile, tantôt d'une clameur bouleversante, communiquant le sentiment d'une Présence sacrée.

L'entrée dans la Jalâliyya était soumise à une période de postulat sévère. Si le postulant manque une fois à l'observation de la règle : « il est obligé de tout recommencer ». S'il arrive avec succès au terme des mille et un jours, il reçoit l'ablution du repentir (pour ses fautes cachées), l'habit de la confrérie, « on récite sur lui le nom de Dieu, on lui donne une cellule..., on lui enseigne la voie, les exercices de dévotion et le zèle..., jusqu'à ce que la pureté se manifeste en lui ». Arrivé à un certain degré d'avancement sur la voie, il bénéficiera d'une plus grande liberté d'action, de plus de spontanéité dans ses relations avec Dieu, tout en participant aux exercices communs.

A la communauté proprement dite s'adjoignaient des soufis, vivant dans le monde, mariés ou non, fidèles à l'esprit du maître et assistant aux cérémonies religieuses des cénobites. L'appartenance à l'ordre, comme dans la plupart des confréries, comportait bien des formes et des degrés. L'ordre a survécu à toutes les vicissitudes de l'histoire. Au début du XXe siècle, il jouissait d'une telle autorité que c'est son supérieur qui conférait les insignes de la souveraineté, lors de l'intronisation du sultan dans la mosquée d'Eyyoub. Lorsque se déclencha la Révolution populaire et laïque de Mustapha Atatûrk (1924-1933), Constantinople (devenue Istambul) comptait, d'après S. Anderson, 17 confréries officiellement reconnues, quelque 250 couvents et de nombreux centres de réunions. Vincent Monteil parle de 600 couvents *(tekke)* de congrégations musulmanes en Turquie ; ils relevaient de 32 ordres différents. Beaucoup végétaient, considérés confusément comme soufis, fakirs, derviches. Des moines erraient en mendiant pour leurs couvents ou leur ermitage. Ces institutions religieuses furent supprimées en 1925, en raison de leur opposition aux réformes laïques du régime ; la persécution s'étendit à toute la Turquie. L'habit religieux fut interdit. L'Albanie recueillit des moines et des communautés en exil, mais les confréries s'effacèrent, quand l'Albanie passa, en 1946, sous le régime d'une « République populaire ». Elles se sont partiellement reconstituées en Turquie, où la vie religieuse était restée ardente. Les derviches de Qonia ont recommencé leur *Samâ* et le mouvement religieux reprend vigueur.

6. **Les Temps modernes : en Afrique.** — Après une période d'obscurité, durant près de quatre siècles — mises à part quelques brillantes personnalités —, une reviviscence des confréries soufies s'est manifestée dès le XIXᵉ siècle. Elle est due à l'influence de quelques maîtres, qui se référaient eux-mêmes à ceux de l'âge d'or du soufisme et qui désiraient rallumer la flamme du mysticisme musulman. Elle était allée en s'éteignant sous le poids de la domination ottomane. Ces confréries se sont développées en marge, et parfois à l'encontre, de deux autres grands mouvements islamiques, le *Wahhabisme*, centré sur l'Arabie, qui marque un retour à la discipline de la Loi coranique ; et le *Mahdisme*, centré sur l'Iran, qui vit dans l'espérance eschatologique du retour d'un guide, envoyé par Dieu. Tout un mouvement de renaissance mystique s'est déployé, en butte aux ulémas, et s'étend jusqu'au cœur de l'Afrique et aux confins de l'Asie méridionale, en Malaisie et en Indonésie, ainsi que dans les pays d'Europe et d'Amérique, où d'importantes minorités musulmanes sont établies.

Deux maîtres se détachent particulièrement : Ahmad ibn Idris (m. 1760) et Ahmad al-Tijâni (m. 1815). Les « voies » renaissantes ont gardé les pratiques de dévotion soufie, mais elles témoignent de modération dans leur ascétisme et leur mysticisme. Toutes interdisent l'usage du tabac et des boissons fermentées.

Elles s'intéresseraient davantage à la vie pratique des croyants, au culte des saints, des anniversaires et aux pèlerinages qu'à l'enseignement spéculatif et à l'approfondissement spirituel. Elles viseraient à l'union avec l'Esprit du Prophète, plus peut-être qu'à l'union à Dieu, celle-ci paraissant incompatible avec la foi en l'absolue transcendance d'Allāh. Cette reviviscence du soufisme jusque dans des milieux populaires ne va pas sans contaminations avec des coutumes locales, qui lui sont étrangères, danses orgiastiques, scènes fakiriques, tours de magie, parfois sur un fond de charlatanisme. Ces fêtes d'un mysticisme douteux ont fait l'objet de pittoresques descriptions. Ces manifestations n'autorisent pas à douter cependant de l'existence d'un soufisme intérieur bien authentique dans les confréries. Mais il demeure le plus souvent discret et plus il est intense, moins il se manifeste, comme une musique du silence.

Une autre expérience qui se rattache à Ahmad ibn Idriss vaut d'être signalée. Une *zâouia (= zawiyya)* s'est formée au sud de la Cyrénaïque, à la frontière du Soudan, dans une oasis traversée uniquement par des caravanes, au milieu du désert, sous la direction d'Ali Sanusi (1787-1859). Ce centre religieux s'était constitué là, pour fuir l'hostilité des ulémas d'Arabie et pour convertir à l'Islam des tribus de Noirs animistes, qui ne cessaient de se combattre. Le Maître affirmait rassembler dans sa Voie *(Sanûsiyya)* toutes les chaînes initiatiques précédentes et vouloir purifier le soufisme des scories de l'histoire. Les cérémonies religieuses se déroulaient sans frénésie tapageuse. La *zâouia* se souciait des besoins du peuple et organisait autour d'elle une société « théocratique et pacifique » (J. S. Trimingham). Des cellules familiales, artisanales, agricoles, éducatives, défensives, se construisaient en un ensemble ordonné, adapté aux structures éthiques et traditionnelles des régions. Elles s'étendirent, à travers les déserts, jusqu'à la vallée du Nil, en Nubie. Cet ordre Sanûsi fut le berceau de la dynastie des Idriss, qui accéda au trône de Libye en 1950, lors de la proclamation de l'indépendance du pays. Elle fut renversée par le coup d'Etat militaire de 1969.

Vers la même époque, d'après une enquête de L.-P. Fauque, publiée en 1961, l'Algérie comptait en 1950 environ 500 000 adhérents à diverses confréries, dont les trois principales étaient la Khalwatiyya, la Shadhiliyya, la Qâdiriyya. L'un des membres les plus célèbres de celle-ci fut Abd el-Kader, né en 1808 près de Mascara, mort à Damas en 1883 et inhumé dans une petite mosquée, à côté de la tombe d'Ibn 'Arabi. Après quinze ans de résistance à la conquête française de l'Algérie (1832-1847), il se rendit, fut détenu prisonnier en France durant cinq ans, puis, libéré, se retira dans la capitale syrienne, où il ouvrit une école de méditation et de formation ascétique et mystique, suivant les orientations « théomonistes » d'Ibn 'Arabi. Il a laissé un recueil de sentences et de méditation, le *Livre des Haltes*, dont une partie a été traduite en français.

De cet ensemble soufi maghrébin, une branche s'est détachée à Mostaganem en 1918, et érigée en confrérie distincte, sous l'impulsion de Ahmad Ibn Al 'Alawi, né en 1869, mort en 1934, dans la *zaouia* de Tigditt. Ce fondateur de la *Alaouiya*, qui avait étudié en Inde la doctrine et les méthodes du soufisme, est aujourd'hui considéré comme l'un des saints de l'Islam. « Le cheikh, écrit un de ses disciples, rénovateur de la voie soufie dans cette époque de ténèbres spirituelles, a donné l'exemple d'un homme concerné par tous les problèmes de son temps. C'était un esprit vif, intelligent, sensible et soucieux du sort des siens. Sa volonté spirituelle était telle qu'elle englobait toute l'humanité. » Son mouvement s'est étendu en Europe. Il compte à Paris un centre religieux et culturel qui, outre la formation initiatique, publie une revue, organise des cours, des réunions publiques. Des disciples d'Alawi, qui furent initiés par le Maître, ont fondé d'autres centres en France et en Suisse. Plusieurs disciples de René Guénon, le cheikh Abdel Wahed Yahia, ont adopté le soufisme, soit dans cette *tarîqah* d'*Alaoui* (voie), soit dans d'autres voies. Le cheikh Khaled Adda ben Tounès rappelle le principe : « Les soufis fondent leur savoir et leurs connaissances uniquement sur ce qu'ils vivent eux-mêmes. »

L'Afrique subsaharienne a connu aussi, indépendamment des milliers d'écoles coraniques, où les enfants apprennent à réciter par cœur le Coran, l'infiltration de confréries soufies, comme les Tidjaniya, les Qâdiriya, les Mourides. Plusieurs de leurs maîtres ont laissé une réputation de sainteté, tels Amadou Bamba (m. 1927) au Sénégal ; Tyerno Bokar (m. 1940), le Sage de Bandiagara (Mali), surnommé le « François d'Assise noir ». Certaines de ces confréries, qui joignaient des obligations de travailler aux pratiques religieuses, sont parvenues à une puissance économique et politique, de nature à inquiéter les pouvoirs civils. Certains partis, inspirés par ces confréries, ont même été dissous.

En Egypte, l'ordre des Bektachis, fondé par Balim Baba (m. 1516), sur la base d'une confrérie ancienne, mais en déclin, a subsisté, jusqu'à nos jours, amoindri, après une histoire agitée. Cet ordre se déclare sunnite, mais son enseignement comporte des éléments shî'ites, par exemple, le culte d'Ali et l'attribution du califat aux seuls descendants de Fatima. La liberté de ses adhérents vis-à-vis du Coran et le syncrétisme de leurs croyances inclinent Jules Leroy à écrire : « Quelques éléments de la croyance et de la pratique des Bektachis font penser qu'ils étaient à l'origine des chrétiens n'ayant pris que les formes extérieures de l'islamisme. Ils ont un dogme trinitaire, où Ali tient la place de Jésus et, dans leurs assemblées, qui se tiennent dans la salle de réunion de leurs cloîtres, ils célèbrent une sorte de Cène où ils se partagent du vin, du pain et du fromage. De même, ils confessent leurs péchés à leurs supérieurs et ils en reçoivent d'eux l'absolution. »

7. **Asie centrale et méridionale.** — La discrétion semble de rigueur dans les milieux soufis qui subsistent en Asie centrale et méridionale. Avant la « République islamique » instaurée par l'ayatollah Khomeini, on pouvait voir des soufis et des communautés en Iran. Qu'en est-il aujourd'hui d'un soufisme qui s'y montra brillant et actif ? Vincent Monteil met en garde contre les tableaux de moines, chrétiens ou musulmans, crasseux, ignorants et paillards, montés en épingle par la littérature et par des propagandes athées. Il signale qu'un ordre récent, celui de Safi-Ali-Shâh, a compté près de 33 000 derviches. Il les qualifie de « panthéistes ». Leurs liens spirituels avec l'Inde sont évidents. Ils proclament volontiers : « Le monde n'est qu'illusion, que rêve, qu'un instant. » L'auteur de *Le monde musulman* rapporte qu'un de ses amis afghans a rencontré, en 1957, au Tadjikistan, un notable, âgé de quarante-cinq ans, qui s'est révélé un mystique soufi, élevant ses enfants dans la même voie, et capable de réciter par cœur de longs passages du *Mathnawî*, le grand poème d'amour divin de Jallalodin Rûmi. Bien qu'il eût été instruit sous un régime

pratiquant l'athéisme, ce soufi avait su garder sa tradition spirituelle. Il disait simplement de ceux qui ne le comprenaient pas : « ils n'entrent pas dans ce monde-là ».

L'un des inspirateurs du Pakistan moderne, qui fut président de la Ligue musulmane, Mohammad Iqbal (1873-1938), philosophe, poète et juriste, reconnaissait aussi comme son principal maître Rûmi (m. 1273), le fondateur de l'ordre des Derviches. Un souffle mystique soulève ses écrits et ses discours, qui ont exercé une grande influence sur tout l'Islam. Ses poèmes sont encore chantés en procession lors de cérémonies religieuses. C'est l'âme même du soufisme qui s'exprime dans *Le livre de l'éternité (Djâvid-Nâma)*.

De l'Inde a essaimé en Occident, au début du XXe siècle, une confrérie dont la chaîne initiatique, par plus de trente maîtres nommément connus qui se sont succédé depuis sa fondation, remonte à Hazrat Khwaja Ali et à Hasan Basri. L'auteur de ce nouveau rayonnement, Hazrat Inayat Khan, est né le 5 juillet 1882, à Baroda, au nord de Bombay et est mort à Delhi le 5 février 1927. Elevé dans la piété et le culte de la musique, il devint très jeune un adepte de la méditation silencieuse, en même temps qu'un exécutant, un compositeur et un poète. A l'une de ses questions, son grand-père répondit un jour par un vers de Jalallôdin Rûmi : « Nous sommes l'Océan, dont tu es une goutte. » Cette sentence inspira toute sa vie. Le sens de la présence de Dieu en l'homme et le sens des dimensions intérieures de la musique l'entraînèrent à concevoir ce qu'il a appelé « le Yoga du son ». Il fut initié au soufisme par le maître Mohammad Madani, étudia l'enseignement des quatre grandes confréries de l'Inde, Nakshibandya, Kadarya,

Soharvardya, et Chishtya, à laquelle il se rattache. Au moment de mourir, son maître l'investit d'une mission : « Va dans le monde, harmonise l'Orient et l'Occident avec ta musique, répands la sagesse du soufisme, par Dieu, le Seigneur de Miséricorde et de compassion. » Il part en 1910 pour les Etats-Unis, où il vit dans la pauvreté, donnant des concerts et un enseignement sur la « voie », préparant des traductions d'auteurs soufis et ses propres recueils de méditation. Il se marie, comme la plupart des maîtres soufis ; il aura quatre enfants. Il voyage dans toute l'Europe, fixe en Suisse le centre du mouvement soufi, qu'il a ranimé dans la *Silsilā* des Chishti, et installe à Suresnes, près de Paris, où il élit domicile, une école de méditation. Il ne cessera jusqu'à sa mort de voyager pour répandre son « Message d'Amour, d'Harmonie et de Beauté ». Pir Vilayat Inayat Khan Chishti, son fils, qui lui a succédé, poursuit activement son œuvre et anime plusieurs centres soufis aux Etats-Unis et en Europe. Son enseignement se montre attentif à toutes les convergences de la pensée humaine vers l'Union mystique en Dieu, en dehors de tout dogmatisme sectaire. Les aspirations de la conscience vers l'Unité qui s'expriment dans toutes les religions, comme dans les recherches de la vérité scientifique et d'une paix mondiale, peuvent en se rassemblant dans une commune lumière fonder un nouveau monde de justice, d'amour et de liberté.

En Indonésie, pays du monde le plus peuplé de musulmans, ce sont les deux influences principales d'Ibn 'Arabi et de Jalallôdin Rûmi qui se sont croisées dans les confréries soufies installées dans les îles. D'après les Congrès qu'elles ont tenus en 1960 et 1963, elles seraient au nombre de sept et deux d'entre elles compteraient plus d'un millier d'adeptes. Mais le soufisme des grands maîtres n'a pu être partout préservé des contaminations locales avec l'hindouisme, l'animisme, les croyances et les coutumes traditionnelles. Une vieille sève culturelle persiste sous cette greffe religieuse étrangère qu'est l'Islam ; elle donne aux confréries soufies de l'Asie du Sud-Est une coloration particulière, plus ou moins prononcée, selon les maîtres qui la dirigent. Les cérémonies n'excluent pas toujours, selon Vincent Monteil, la magie noire, les philtres d'amour, les guérisseurs, la sorcellerie, l'occultisme, l'astrologie, toute sorte de mantique. L'évocation des esprits, le culte des saints, la prière à Allāh, les pèlerinages à La Mekke, l'observance assez laxiste du jeûne et du devoir d'aumône coexistent, sans syncrétisme systématique, dans une praxis spontanée propre à concilier toutes les forces invisibles, auxquelles il est possible de croire sans en irriter aucune.

Le héros de l'Indépendance, « père de la Révolution », premier Président de la République d'Indonésie, Sukarno (1901-1970), était fils d' « un musulman théosophe javanais ». Il se disait lui-même : « un mystique ». Il eut pour père spirituel un musulman « pieux et mystique, adonné à la prière et au jeûne », politiquement fixé sur la loi coranique. Emprisonné, Sukarno lisait le Coran, priait et méditait. En 1955, il accomplit le pèlerinage rituel à La Mekke. Selon sa volonté, son cercueil a été recouvert du drapeau de la *Muhammadiyah*, le mouvement réformiste musulman, auquel il avait adhéré à l'âge de quinze ans. Il n'est pas question de l'annexer au soufisme, mais il a témoigné de l'existence de confréries et d'une influence qui ne conduit pas nécessairement à la sainteté.

8. **Le rôle des femmes.** — Les femmes ont pris une importance considérable dans le mouvement soufi, comme ermites et cénobites, épouses et mères, ou chefs d'école. Nous avons évoqué le merveilleux personnage de Rabi'a al Adawiyya, sa conversion, ses poèmes mystiques, et son influence, depuis le VIIIe siècle, sur toute l'histoire du soufisme.

Des femmes se sont réunies en couvents (*ribât*), rattachés ou non à de grandes confréries. Le Caire, Alep, Bagdad comptaient déjà, au XIIe siècle, plusieurs couvents de femmes. Outre les travaux domestiques, non seulement elles priaient, méditaient, chantaient, observaient rites et pratiques soufis, mais aussi elles prêchaient et enseignaient. Elles pouvaient s'élever aux responsabilités d'un maître (*sheikha*). Mais il n'existait pas de couvents mixtes. Si certaines communautés de femmes ou d'hommes se trouvaient parfois rapprochées, les exercices spirituels, les rites et les prières étaient accomplis séparément. En dehors de la vie conventuelle, des laïques, hommes et femmes, peuvent se réunir en groupes de méditation et de prière, parfois dans le plus complet silence pendant des heures, parfois sous la parole suggestive d'un maître ou d'un des membres.

Hormis les couvents, des femmes se réunissaient entre elles, formaient des cercles de prière, allaient en pèlerinage vers les tombes des saints. Le soufisme leur offrait des possibilités qu'une religion trop légaliste, qu'une société à domination trop exclusivement masculine ne leur permettaient guère. Ibn 'Arabi a exprimé sa gratitude envers deux femmes âgées, dont il se fit, jeune homme fervent, le serviteur et le disciple, Yasmînah, une soufie de Marchena, et Fâtîmah, une mystique extatique de Cordoue, qui vivait dans une continuelle présence de Dieu. Il n'a pas ménagé non plus ses termes d'admiration pour Maryam, sa première et jeune épouse, dont il loua l'élévation spirituelle et dont une vision le confirma dans la voie du soufisme. Mais nul hymne d'amour, peut-être, n'égale le poème qu'il dédia à Nizham (Harmonie), la fille d'une beauté et d'une intelligence exceptionnelles d'un imam de La Mekke, dont il fit un symbole de la Sagesse, la *Sophia* de Dieu. Elle lui inspira des recueils enflammés, *L'interprète des amants*, puis *Le trésor des amants*, où il chante en phrases érotiques les délices de l'union extatique. Il eut d'ailleurs à s'expliquer sur ces poèmes dont les critiques scandalisés ne comprenaient pas la portée symbolique. Jalallôdin Rûmi exprima de même la plus tendre considération pour sa femme, qui remplissait des fonctions importantes dans la Communauté de Qonia.

Mais l'ambiguïté du langage mystique de l'amour est portée à l'extrême chez de nombreux poètes soufis. Des relations sexuelles qui témoigneraient d'un amour non exclusivement sensuel, ni possessif, qui s'élèveraient à une plénitude idéale du don et de l'abandon, ont pu servir, faute de comparaisons plus fortes, de symboles de l'union mystique avec Dieu. *Le Cantique des Cantiques*, les amours de Salomon avec la Sulamite, ont inspiré aussi des commentaires où les délices de l'intimité sont évoquées pour aider, voire pour inciter, à concevoir l'ascension mystique de l'âme vers l'extase et vers la fusion dans la divinité. Dieu se révèle et se cache sous le voile des formes corporelles, qu'il importe cependant de ne pas prendre pour Sa réalité. De là ces nombreux poèmes mystiques, d'un érotisme apparemment équivoque, à Leyla, l'archétype de l'éternel féminin, à Nizhâm, l'incarnation de la Sophia, à la Bien-Aimée, la femme cristallisant la beauté, et ce cristal élevant l'âme vers la Beauté transparente de Dieu.

En revanche, quand ce sont des femmes mystiques qui expriment leur amour de Dieu, elles empruntent rarement, à ma connaissance, les symboles et les personnifications de l'amour humain. Rabî'a, la danseuse mystique de Basrah, ou l'esclave mystique d'Atab, c'est à Dieu directement, et à lui seul, qu'elles adressent leurs chants d'amour : « Je t'aime de deux amours, dit Rabî'a, d'un désir passionné et d'un amour nouveau... » Et l'esclave, à son tour, exhale son désir : « Oh! ami des cœurs!... Tu es celui que je cherche... Tu es ma joie... le seul objet de mon désir... De tes vergers célestes, ce que je désire, ce n'est aucun de leurs plaisirs, mon seul désir est de te voir. »

La chasteté est une vertu que tout soufi, homme ou femme, doit s'imposer. Hormis celles et ceux qui en font librement une règle absolue, la chasteté n'interdit pas le témoignage physique de l'amour, non plus que le mariage et la procréation. Mais elle consistera pour tous dans une modération et une maîtrise du désir charnel, même s'il ne sert que d'image verbale pour l'expression d'un désir spirituel. Ce qui serait licite en ce domaine, mais non nécessaire, il conviendrait que le soufi se le refuse. Si le cœur et la pensée sont envahis par une passion, pour un adulte ou pour un enfant, il faudra s'en délivrer comme d'une « extase immorale » et s'éloigner à jamais de la séduction d'un « mouvement infernal ». Si la femme a pu s'adonner librement au soufisme dans une vie solitaire ou communautaire, mondaine ou recluse, elle est restée pour l'homme à la fois l'archétype de la beauté divine et celui d'une séduction diabolique.

Chapitre V

ITINÉRAIRE :
LA FORMATION SPIRITUELLE

L'adepte qui décide de suivre pleinement la Voie *(tarîqa)* de la mystique soufie *(tasawwuf)* arrivera, sauf accident, à l'initiation et à l'union transformante en Dieu. Mais il devra à cette fin se soumettre à la direction d'un Guide. Cette formation comportera, outre un enseignement et des exercices spirituels, de rudes épreuves physiques et morales, jeûnes et veilles prolongés, travaux matériels, réprimandes. Le candidat à l'initiation observera avec soin paroles et gestes du Maître, rites et pratiques, tout l'itinéraire de la Voie choisie.

1. **Le Maître.** — Le Maître est le « pôle » *(Qûtb)* sur lequel va s'orienter la recherche spirituelle, l'« axe » autour duquel évoluera en spirale l'ascension mystique. « Pour qui n'a pas de maître, Satan devient son maître » (Ibn 'Arabi). Le vrai Maître se réclame lui-même d'un initiateur, qui l'a investi de son pouvoir et de sa mission. Cet initiateur n'est lui aussi qu'un anneau d'une chaîne *(silsila)*, qui le rattache à Mohammad, à son gendre Ali, ou à l'un de ses compagnons, les premiers califes. C'est « la chaîne d'or », la « chaîne de bénédiction » *(silsilat al-baraka)*. Cette relation avec les origines de l'Islam tend à garantir la fidélité au Prophète et, en conséquence, l'autorité du Maître. Le souci d'établir un tel lien est commun aux sunnites et aux shî'ites, ainsi qu'aux groupes les plus affranchis de la tutelle « orthodoxe »

des ulémas. Ce lien assure la continuité de la *baraka*, cette influence mystérieuse, dérivant du pouvoir spirituel d'un Maître, transmise de l'un à l'autre et maintenant la permanence de l'énergie fondatrice dans la suite des successions. Faute de cette référence à une énergie plus forte que la mort, le groupe ou l'enseignement d'un Maître seraient voués à une rapide dégénérescence. La puissance même du Prophète procède de ses attaches à la chaîne de la Prophétie, dont les anneaux majeurs sont Abraham, Moïse, Jésus ; elle vient aussi de sa propre écoute de la Parole de Dieu, de la Révélation transmise par l'archange Gabriel. Tel est le sceau primordial qui authentifie les Voies ouvertes par les Maîtres.

Forte de cet influx venu d'en-haut, la diversité historique des maîtres n'exclut pas les interventions passagères d'un maître mystérieux, al Khadir. C'est l'inspirateur invisible, qui apparaît soudain, fait un geste, dit un mot, se tait, s'éclipse. Ou bien il est perçu comme un guide intérieur, une personnification de la conscience orientée sur Dieu, ou le pôle *(Qûtb)* même attirant l'âme vers Dieu comme par un magnétisme spirituel. Ou encore il est assimilé à Elie, le serviteur de Dieu ; au guide de Moïse dans la traversée du désert, traversée qui sera d'ailleurs le symbole de la Voie *(tarîqa)*, conduisant à Dieu par l'obéissance, la connaissance et l'amour. Ce Maître par excellence est identifié à celui qu'Allāh présente, dans la sourate de la Caverne, comme « l'un de nos serviteurs que nous avons gratifié de notre miséricorde et à qui nous avons enseigné une science émanant de nous » *(18*, 65, 82). Chargé d'instruire Moïse, il répond à celui-ci qui le questionne avidement : « Si tu veux me suivre, ne me questionne sur rien, tant que je ne t'en parle pas moi-même. » Telle est l'attitude qu'adopteront les maîtres soufis vis-à-vis de leurs disciples impatients. Jonayd, par exemple, rabrouera vivement Hallâj pour des questions jugées intempestives. Ibn 'Arabi fait allusion maintes fois à ce personnage fugace, qui connaît ses pensées intimes et ses écrits encore secrets, qui paraît soudain en des lieux et à des moments divers, qui recommande la soumission aux Maîtres sans apporter lui-même de solution aux problèmes. Il se présente plutôt comme l'incitateur à rechercher le vrai, le maître intérieur, l'aiguillon de la conscience, un peu comme le daïmon de Socrate.

Des ermites, des célibataires vivant dans le monde, des hommes et des femmes mariés, dès lors qu'ils adoptent une voie, même en dehors d'une communauté organisée, se mettent aussi sous la direction d'un maître ; en langage soufi, ils s'orientent sur un pôle. Ils peuvent en changer, s'ils estiment qu'ils ne progressent plus dans telle voie, ou que le courant ne passe pas dans la relation réciproque. Des soufis, parmi les plus réputés pour leur savoir et leurs vertus, ont ainsi connu plusieurs maîtres, qu'ils allaient chercher d'un bout à l'autre du monde islamique.

Un maître ne peut exercer son rôle que dans des conditions très strictes. Il doit être, non seulement initié à une ou à plusieurs voies de perfection, mais investi de cette mission par un maître, qui lui transmet de ses pouvoirs *(barâka)*. Ce choix présuppose chez le nouvel élu une science théologique, la connaissance des étapes de la voie, des rites et des méthodes, des règles de l'ascèse, des difficultés physiques et psychologiques individuelles à surmonter. Ces connaissances ne restent pas au niveau intellectuel, elles se doublent de l'expérience spirituelle, du cheminement personnel sur la voie, d'une traduction de la doctrine par l'exemple des faits. A des qualités morales s'ajouteront des dons de discernement et d'austérité, qui n'excluent pas un profond sentiment d'humilité et l'examen de conscience personnel quotidien. Il se ressourcera dans ses soliloques intimes avec Dieu et dans des retraites périodiques.

2. **Une hiérarchie initiatique.** — L'évolution spirituelle de disciple ou novice à Maître suit une gradation bien hiérarchisée. Le Prophète, s'il n'a pas formellement interdit la vie monastique, ne l'encourage guère : « Pas de vie monacale dans l'Islam », selon un de ses propos. Des exemples qu'il avait sans doute connus au cours de ses voyages l'en avaient détourné ; mais, surtout, il prêchait une éthique de mesure : « O vous qui croyez! ne déclarez pas illicites les bonnes choses que Dieu a rendues licites pour vous et ne commettez point d'excès, car Dieu n'aime pas ceux qui dépassent les limites » (5, 87). Le célibat monastique, en particulier, lui paraissait difficilement compatible avec la nature humaine et la permanence de la société ; le mariage était la norme personnelle et sociale. Mais, rapidement, des vocations d'anachorètes se révélèrent dans l'Islam et des moines, ermites ou cénobites, se réunirent en communautés, persuadés qu'ils ne violaient, ce faisant, aucune règle absolue du Coran. Mais, si la plupart des moines furent des soufis, les soufis n'étaient pas tous des moines ou moniales soumis à des règles strictes et minutieuses, comme le célibat, la pauvreté, les exercices surérogatoires, les travaux d'entretien d'un couvent. La mystique n'est pas un domaine réservé.

A la tête d'une *tarîqa*, qu'elle ait la dimension d'une école, d'un groupe ou d'une confrérie, le Maître est considéré comme un *Walî*, l'aimé, le protégé de

Dieu. Il joue le rôle de médiateur, voire de l'intercesseur entre l'adepte et Dieu. Il se place lui-même dans la mouvance du premier guide, Allāh, qui a révélé la Loi fondamentale et qui donne la grâce. Mohammad est le dernier annonciateur de celui-ci, celui qui met le sceau *(khâtim)* final à l'ère du prophétisme. Cette Loi est interprétée officiellement par les *ulemas*, les docteurs en sciences et législations religieuses. Mais ils n'en dégagent guère que le sens littéral *(zâhir)* ou les adaptations aux circonstances de la vie extérieure. Cette Loi recèle aussi des sens cachés *(bâtin)*, source de l'interprétation ésotérique et de la vie mystique. Le maître sera l'herméneute de ces sens seconds. Chez les shî'ites, ce sera l'Imam ; chez les sunnites, le Shaik. Quel que soit le nom, il est *Walî* ; tel une théophanie, il manifeste l'Initiation spirituelle *(walâyat)*. A ce titre, il est seul autorisé à discerner le sens secret de la Révélation divine, qui met le plus directement sur la voie de l'union à Dieu. Cette connaissance pénétrée d'amour est sagesse *(sapida scientia* = science savoureuse), « la gnose de l'Islam ». Mais cette *Walâyat* (voie initiatique) n'est pas encore la *Wilâyat* (sainteté). Elle en est le chemin, non le terme. L'investiture du Maître procéderait davantage, dans la tradition shî'ite, de la chaîne généalogique qui relie l'imam à Ali, tandis que, chez les sunnites, elle répondrait plus à un degré élevé de perfection spirituelle, mais degré reconnu par l'initiation du Maître, sauvegarde de la *Silsila*. De part et d'autre, malgré ces différences, s'affirme la double exigence d'une allégeance et d'une inspiration divines.

Tout homme (ou femme) détient la possibilité de devenir un maître, mais il ne l'actualise qu'en suivant une voie ascétique et mystique, longue et difficile, sous la direction d'un Guide autorisé. Toujours ouvert et disponible aux dons de Dieu, l'aspirant *(murîd)* passera par des stades déterminés *(maqâmat)*, par des initiations successives, avant d'accéder à la dignité de *murshid*, directeur spirituel, guide des disciples, collaborateur du maître, gardien des règles et rites, parfois l'équivalent du *Shaikh* ou du *Pir* (maître en arabe ou en persan). Le moment venu, toutes les épreuves surmontées, le maître confère l'investiture au *murshid*, avec le pouvoir invisible de la *baraka* et le secret de la connaissance ésotérique *(ma'rifa)*. La transmission de ce pouvoir s'est souvent faite comme dans la *Mawlawiyyia*, à l'intérieur d'une famille, du père au fils ou au gendre. Mais les conditions préparatoires demeurent indispensables, les qualités morales et spirituelles devront, sauf exception, l'emporter sur la généalogie physique. Il est arrivé cependant que la conduite des maîtres ne corresponde guère à leur enseignement. Ils oublient le verset du Coran : « Vous qui avez reçu l'Ecriture, vous serez dans l'erreur, tant que vous ne vous conformerez pas à la Thora, à l'Evangile et à ce qui vous est révélé de la part de votre Seigneur » (5, 68). Quelques-uns cèdent à la tentation d'émerveiller le naïf ou de capter la confiance, en cultivant certains pouvoirs : télépathie, prémonitions, interprétation de visions ou de rêves ; d'autres obéissent plus à l'attrait des plaisirs qu'à la nécessité de l'ascèse. Mais les disciples avancés savent distinguer, le cas échéant, l'homme de son enseignement et s'attacher à la valeur de l'un, plus qu'au comportement de l'autre, bien que, dans le soufisme, l'expérience soit en principe la vérification de la parole. Il appartient alors au disciple de vérifier sur lui-même l'enseignement qu'il reçoit, sans s'attarder à en juger l'auteur.

Les théoriciens soufis, avec leur goût habituel des

classifications, établissent trois niveaux principaux de formation : le niveau commun pour le grand nombre des « chercheurs » attirés par la voie spirituelle ; le niveau des « débutants » déjà engagés dans la voie ; le niveau des « avancés », qui appelle une adaptation de plus en plus individualisée. C'est généralement à ce niveau le plus élevé que se rencontrent, non seulement le *murshid*, mais aussi les *abdâl*, ces « hiérarques spirituels » (Henry Corbin). Ils sont considérés, dans l'ésotérisme musulman, comme des médiateurs, des « substitués » qui, par leurs prières et leurs vertus, désarment la colère de Dieu et préservent le monde des châtiments temporels que devrait attirer sur lui l'énormité de ses fautes.

3. **Le fondement de la foi.** — La vertu fondamentale du soufi, c'est la foi en Dieu, créateur « tout-puissant et tout miséricordieux », foi qui se résume dans le témoignage *(shahâdah)* : « Point de divinité, excepté Dieu ; et Mohammad est l'envoyé de Dieu. » La profession de foi, tout en étant identique dans sa structure intime, s'exprime à des niveaux différents. C'est d'abord la reconnaissance de la parole de Dieu, transmise par le Prophète et inscrite dans le Coran. Puis cette Parole se précise suivant les degrés de pénétration de l'intelligence et suivant les besoins de la vie sociale : ce sont alors les écoles juridiques et théologiques qui la définissent, entre lesquelles le fidèle peut choisir, pourvu qu'elles ne s'écartent pas de l'orthodoxie coranique et des propos du Prophète transmis sous le nom de *hadîth*, et surtout des *hadîth qudsî*, qui sont censés être des paroles venues de Dieu même. Enfin, et c'est ici que les soufis courent le risque des pires reproches d'hérésie et d'infidélité, avec le cortège habituel des persécutions, ils croient

pouvoir approfondir le sens des paroles, par une herméneutique de l'intériorité, grâce à une expérience mystique, tout intuitive et illuminative, qu'ils vivent parfois jusqu'à l'extase. Ils osent alors dire avec Hallâj : « Je ne préfère aucune doctrine déterminée... » Le martyr de Bagdad (m. 922) décrit ce processus de « déverbalisation », si je puis employer ce néologisme, qui s'accomplit dans l'intimité d'une union d'amour : « J'ai à moi un Ami, je le visite dans les solitudes, présent, même quand il échappe aux regards... C'est comme si j'étais devenu l'interlocuteur de moi-même... Présent, absent, proche, éloigné, insaisissable aux descriptions par qualités, Il est plus proche que la conscience pour l'imagination et plus intime que l'étincelle des inspirations » (trad. L. Massignon). Ne sommes-nous pas ici au sommet de la foi sans paroles, les limites de tout langage étant franchies, jusqu'au seuil de la vision ou de la présence ? Les exégètes et les juristes, bornés à la lettre, ne pouvaient plus comprendre, ni admettre cette herméneutique.

4. **L'édifice des vertus.** — Cette intimité directe avec la Parole suppose une dépossession de soi, qui se réalise par la pratique des vertus, purifiant et structurant les caractères. La purification intérieure s'étend à tous les niveaux du psychisme humain : purification de l'âme *(nafs)* par la pénitence et l'ascèse ; du cœur *(qâbb)* par la solitude, la retraite, la prière, la méditation ; de l'esprit *(rūh)* par la foi et l'amour tout orientés vers l'union à Dieu. Cette ascèse comprend une mise en garde contre l'imagination exaltée, fertile en rêveries séduisantes, qui allument les désirs. L'Islam n'attache pas à la chasteté et à la virginité la même importance que l'ascétisme chrétien. Le soufisme insiste cependant sur la pureté de cœur et d'in-

tention, la décence et la réserve, notamment la modestie du regard, pour prévenir les tentations de la luxure. Les règles se précisent avec plus de rigueur pour les moines que pour les personnes mariées. La seule force d'une exigence intérieure et d'une union de plus en plus intense avec Dieu peut d'ailleurs, sans obligation aucune, conduire le soufi à une chasteté absolue, même dans le mariage.

Tous les traités de soufisme rappellent la nécessité de la pénitence. Bastami en détaille les modalités, aggravées à la mesure des fautes. D'où l'importance de l'examen de conscience, qui permet un vigilant contrôle de tous les actes. Hasan Basrî semble avoir le premier, dans le monde musulman, recommandé l'examen de conscience régulier. Muhâsibi (= l'examinateur de conscience) fait de cet exercice un moteur de la perfection spirituelle. Les manuels ascétiques soufis la considèrent indispensable. Ghazâli y voit une condition pour une parfaite adhésion à la volonté divine et, à cette fin, il conseille de noter sur un carnet *(jarîda)*, matin et soir, pensées, désirs, actes ou paroles, qui auraient pu éloigner de Dieu ; c'est un des moyens de s'assurer que l'on vit dans sa présence ou sa proximité. Cet exercice n'a cessé d'être placé au centre de la pratique soufie, comme une tour de contrôle. Il porte, non seulement sur la matérialité et les circonstances extérieures de l'acte, mais de façon plus approfondie sur les intentions qui l'inspirent. C'est l'intention qui confère à l'acte sens et valeur. « Demandez des comptes à votre âme, avant qu'Allāh ne vous en demande », avertit le Prophète. Une analyse psychologique des plus affinées peut ressortir de ces auto-examens quotidiens, tout en évitant de verser dans une introspection narcissique. Toutes les activités du soufi, des plus humbles jusqu'aux plus élevées, tendront vers la manifestation et la croissance de l'amour de Dieu. L'existence du mystique sera par elle-même une théophanie, une attestation du divin parmi les hommes. Elle est le miroir du monde invisible, la preuve vivante des relations qui s'établissent entre les mondes, le cosmos, l'homme et Dieu.

5. **La prière.** — Suivant leur goût des classifications, les maîtres soufis décrivent divers types de prières : la prière liturgique obligatoire ou canonique ; la prière surérogatoire, selon les circonstances et sans obligation ; les appels jaculatoires ou occasionnels ; la lecture orante et méditative du Coran ; l'oraison silencieuse ; la psalmodie et le chant religieux *(samâ)* accompagnés ou non de musique, de gestes, de danses ; la contemplation solitaire ; la remémoration *(dhikr)*. Cette dernière forme est la plus connue et la plus caractéristique. La remémoration des Noms divins, mentale ou orale, individuelle ou collective, avec ou sans accord rythmique du souffle, est un des exercices les plus répandus parmi les soufis. Elle est réputée posséder un pouvoir mimétique ou psychologique sur les consciences, en ce sens qu'elle fait pénétrer chez le récitant attentif une participation des attributs divins qu'exprime chaque nom ; elle l'assimile à cet aspect du divin évoqué par le mot. Le nom divin communique au contemplatif, en proportion de sa réceptivité, des lueurs sur ce qu'il signifie par analogie ou par symbole. « Sage » découvre à l'esprit les arcanes de la connaissance théologique ; « éternel », la présence universelle de Dieu dans le temps et l'espace, et dans l'au-delà ; « un », l'union finale de l'âme à Dieu ; « beau », l'objet le plus digne de contemplation ; etc. Certains de ces noms, toutefois, ne peuvent pas être sujets à une assimilation quelconque, tel que

« subsistant », non plus que les noms qui impliquent une transcendance absolument incommunicable. Il y eut sur ce point des discussions doctrinales ; l'école des Mu'tazilites, d'un dogmatisme plus traditionnel, refusait toute valeur assimilatrice à certains noms, si ce n'est que la récitation en était bienfaisante du fait qu'elle exaltait l'infinitude unique, et donc la différence, de Dieu. D'autres écoles, plus portées au mysticisme de l'union, admettaient, comme Ibn 'Arabi, que l'imitation par l'homme de l'aséité divine (Dieu existant par lui-même, plénitude absolue de l'Etre-Acte pur) était possible, dès lors que le mystique s'annihilait en Dieu *(fanâ)* pour ne plus vivre que de la vie même de son amour. Dès lors réciter les Noms divins, les plus irréductibles au statut de créature, gardait encore une puissance mimétique, en poussant le mystique à s'identifier plus intensément à l'Etre, en qui le sens de ce Nom se réalisait le plus parfaitement. Que d'exclamations, qualifiées de « théopathiques », de la part de saints soufis, montrent à quel point arrivait leur identification, puisqu'ils en venaient à parler comme s'ils étaient Dieu même ! Ne rejoignaient-ils pas en cela les mystiques chrétiens d'Orient tendant vers une théomorphose ? « Je suis la Vérité », s'écriait Hallâj, exprimant par ces mots qu'il s'était réalisé dans la Vérité de l'Esprit. « O mystère que l'Etre apparaisse dans le néant et que subsiste le temporel avec Celui qui a l'attribut de l'éternité », murmure Ibn 'Ata 'Allâh. « Qui est annihilé en Dieu est subsistant », tranche Ibn 'Arabi.

C'est souvent sur un chapelet *(tasbîha)*, que le soufi égrène les Noms divins ou toute autre prière. Les grains sont en nombres variés, de 99 à 101, 301, 1001, etc., nombres symbolisant l'infinité de Dieu, que la répétition n'égalera jamais, tout en acheminant vers la Proximité. Le chapelet, lorsqu'il est donné par le maître, prend valeur, comme l'habit, de support de la *barakâ*, dont il transmet l'énergie spirituelle.

Cette puissance transformante des Noms divins, quand ils sont prononcés avec l'intense concentration d'une prière adoratrice, ne pénètre que par degrés l'âme du récitant. Là encore se manifeste le goût des classifications, si chères aux théoriciens soufis. Passons sur la nomination purement vocale ou phonétique. Il y a, au premier degré de l'intériorité, la nomination spéculative, celle qui évoque le concept correspondant au nom : elle demeure au niveau intellectuel ; au second degré, la contemplative : soulevée par l'amour, la conceptualisation s'aiguise en une chaleureuse lumière ; au troisième degré, l'inspirée : à travers les images et les idées du monde créé, se découvrent les intentions et les mystères de la création ; au quatrième degré, la spirituelle : la vue s'élève au-dessus du monde spatio-temporel vers une vision de la vie éternelle ; enfin, cinquième degré, la secrète : c'est l'au-delà du miroir des mots, le dévoilement du mystère divin. La récitation des noms divins peut ainsi culminer dans le silence d'une illumination extatique. L'impulsion de l'amour aiguille et aiguillonne l'intelligence sur la voie de la lumière. Les maîtres ne laissent pas toutefois de mettre en garde contre l'illusion que ces effets seraient automatiques ils dépendent beaucoup de conditions subjectives, de l'influence de l'environnement et surtout de la grâce de Dieu.

6. **Le « dhikr ».** — Le *dhikr* est le pivot de la prière collective des soufis. Il écarte les distractions, entraîne le récitant dans un mouvement solidaire, rapproche du Dieu glorifié, transfuse l'énergie divine véhiculée

par les mots jusque dans l'être du récitant et le transforme. Ghazâli a parfaitement résumé le cheminement psychologique du *dhikr*. Nous soulignons les mots qui jalonnent cette progression : « Tu te tiendras le cœur vide, mais l'*attention concentrée* en t'orientant vers Dieu le Très-Haut. C'est-à-dire qu'au début, ta *langue* sera assidue à répéter le nom de Dieu le Très-Haut. Tu ne cesseras de dire « Allah ! Allah ! » avec une attention éveillée et intelligente, jusqu'à ce que tu arrives à un point où, si tu cessais de remuer la langue, il te semblerait que le mot continue à courir sur elle, si grande est son accoutumance. Tu continueras ainsi jusqu'à ce que la langue n'ait plus de rôle à jouer ; tu verras *ton âme et ton cœur* travaillés par ce *dhikr* sans que la langue bouge. Tu continueras avec assiduité jusqu'à ce qu'il ne reste dans ton cœur que le *sens* du vocable et que tu ne t'en représentes point les lettres et les formes, mais la signification pure qui sera indéfectiblement et continuellement *présente à ton esprit*. Ton libre-arbitre va jusqu'à cette limite. Il ne la dépasse que pour repousser sans trêve les obsessions distrayantes. Puis il cesse de jouer. Tu es dans l'*expectative attendant l'illumination*. Elle peut être fugitive comme l'éclair, ne pas demeurer, puis revenir. Si elle demeure, sa présence peut durer, comme elle peut ne pas se prolonger. A cause de la disparité des illuminations, les places des saints de Dieu varient à l'infini. Voilà la méthode des soufis » (trad. de Hokmat Hachem). Le moment décisif du *dhikr* est celui où la langue et le son s'arrêtent, mais où la pensée suit le sens des mots, oublie le mot dans le silence, vibre et vole vers le Sens.

> « Mon silence est le verbe que tu désires,
> O écouteur de l'obscurité... »

(Pierre-Jean Jouve.)

7. **Le « Samâ ».** — Le *Samâ* relevait de la physique dans la classification islamique des sciences, c'était la science du ciel, l'astronomie, pas toujours exempte d'astrologie. Rien d'étonnant que le mot *Samâ* en soit venu à désigner, dans la théologie et la vie mystiques, le concert spirituel du ciel. Il unit chant, musique et danse, symboles de la ronde des astres, laquelle est une théophanie, une manifestation de Dieu dans toute sa puissance. Par son tournoiement doublement ordonné, sur lui-même et sur une circonférence, le soufi s'inscrit symboliquement dans cette ordonnance divine. Epousant ainsi la pensée et la volonté du Créateur, il témoigne de son amoureuse acceptation et s'offre à de nouveaux dévoilements ou révélations. Il désire entrer totalement en vibration avec le cosmos et, au delà du miroir, avec la Divinité. Le *Samâ*, cet oratorio mouvant et émouvant, est censé conduire à l'union extatique au cœur de l'Etre ou, tout au moins, à une intense communion.

Dhû-l-Nûn Misri l'Egyptien (m. 859) fut un des initiateurs de cette forme de prière collective, qui atteignit son apogée avec les derviches-tourneurs de Jalâloddîn Rûmi (m. 1273) et se répandit dans tout l'Islam. Au cours de ces cérémonies, il arrive qu'un frère se dresse soudain comme transporté, les yeux levés au ciel ; il profère des paroles incompréhensibles ; entraînés, d'autres frères ou la communauté entière se lèvent à leur tour, accompagnent le premier, chantent, dansent ou dessinent certains gestes ; puis, le calme revient. Souvent un autre frère se lève, et la scène recommence ; ainsi de suite, dans une atmosphère de ravissement. Dans les temps modernes, les descriptions les plus pittoresques sur des *Samâ* d'Afrique, du Moyen-Orient, d'Indonésie, ont été faites par de grands écrivains. Elles témoignent que la puissance émotive de ces cérémonies, conjuguée avec des coutumes locales, entraîne parfois des effets pervers incontrôlables, voisinant avec des crises d'hystérie. Ces effets étaient déjà dénoncés par des maîtres de l'âge d'or, qui se montraient très réservés et interdisaient aux novices de participer à ces exercices. Ils sont restés cependant très populaires.

8. **Solitude et pèlerinages.** — Il faut être capable de solitude pour communiquer et communier. A l'exemple de Mohammad, qui avait coutume, selon la tradition, de se retirer dans la solitude, les soufis pratiquent la retraite spirituelle. Ils s'éloignent, pour une durée variable, de toute fréquentation, s'adonnent au jeûne et à la méditation, à la lecture du Coran et à la prière. Cette retraite peut se faire, soit à l'intérieur d'une cellule silencieuse au sein d'une communauté, soit dans un lieu isolé et lointain, caverne ou hutte, mais toujours dans des conditions telles que l'ascète puisse se soustraire aux distractions et aux soucis extérieurs, pour s'adonner exclusivement au contact avec la divinité. Cette solitude peut être tempérée par le voisinage d'autres ermites rapprochés dans un même site. Les fruits attendus d'une telle solitude sont, d'après Bastâmi : « les inspirations, les contemplations, les révélations, les illuminations et l'union avec Dieu ». Faute de ces moments passés en l'unique présence de Dieu, expérience qui ne va pas sans épreuves, l'ascète risquera de ne connaître que la désolation ou l'illusion. La solitude comporte des dangers, comme la montée obsédante des phantasmes, des souvenirs, des terreurs. Aussi, qui n'est pas maître de son imagination devra-t-il demander l'avis d'un conseiller averti, avant de s'exposer à ces combats incertains.

La visitation des tombeaux des saints, la fréquentation des cimetières font aussi partie des coutumes soufies. Elles étaient motivées sans doute par le souci de méditer sur la mort dans un lieu propice par son silence, mais, dans bien des cas, selon les récits des mystiques eux-mêmes, par le sentiment de relations possibles avec le défunt : présence mystérieuse, communion spirituelle, participation à la *barakâ* du trépassé, désir d'une intercession. Plusieurs relatent des visions, des entretiens, des communications avec les morts. Peut-être, chez les uns, l'exemplarité du saint, la prière pour lui ressembler, l'hommage à ses vertus, étaient-ils l'intention dominante, tandis que, chez les autres, c'était l'appel à une protection et à une faveur. Mais on peut se demander si ce culte répondait bien à la pure doctrine coranique sur la résurrection, qui est des plus réservée quant à l'immortalité de l'âme et à sa survie entre la mort corporelle et le jour inconnu de la résurrection.

Le pèlerinage exprime de plus la conscience d'une situation existentielle propre à l'homme : celle d'être un pèlerin. Aussi le pèlerinage obligatoire, selon le Coran, peut-il se faire, selon les soufis, sans quitter leur demeure, à l'intérieur d'eux-mêmes. Leur enseignement porte le nom même de « voie ». Il faut développer en soi les dispositions intimes du pèlerin, qui s'engage dans la voie, esprit de pénitence, de pauvreté, d'effort et de recueillement. Le pèlerinage devient alors le voyage initiatique, parfois labyrinthique, conduisant à la jonction, au centre, à l'Etre suprême. La marche physique du pèlerin n'a de valeur que si elle symbolise cette recherche spirituelle de l'Unité.

9. **Etats et étapes.** — Les auteurs soufis ont coutume de distinguer dans l'ascension mystique les états

et les étapes. Les premiers sont dus à des dons particuliers et éphémères de Dieu, équivalant à ce que la théologie chrétienne appellerait des grâces actuelles ; les secondes marqueraient plutôt les acquis progressifs et durables dus aux efforts personnels de l'ascète. Complémentaires, ils dessinent une « échelle de la perfection » *(sulûk)*. Certains mystiques, brûlant les étapes, sont favorisés de telles grâces qu'ils parviennent à l'illumination *(Wilâya)*, pour ainsi dire, sans effort. Mais cette sainteté, qui procède d'une élection divine privilégiée, demeure en quelque sorte personnelle et secrète. Elle ne caractérise pas la voie soufie, qui appelle à l'effort méthodique *(tasawwuf)*, pour aboutir sans doute au même résultat. Les uns sont choisis par une sorte de prédestination éternelle, les autres auront plus à lutter pour se réaliser en Dieu, pour atteindre cette image éternelle conçue pour eux par la Divinité. Ce *tasawwuf* appelle les dons de Dieu, mais exige aussi le don de soi dans l'effort. Il s'agit, non pas de mérite, mais de conquête spirituelle, par la plus étroite association de la volonté humaine à la volonté divine. Il ne faudrait cependant pas pousser à l'extrême cette distinction entre l'élection privilégiée et l'élection conditionnée, entre le don pur et la conquête assistée. En ce domaine, tout est don et réciprocité, tout est amour.

Ibn Haldim (vers 1348) considérait que le combat du soufi se livre simultanément dans trois directions, auxquelles correspondent trois catégories d'enseignements et d'exercices : le combat pour la piété (observance des prescriptions rituelles) ; le combat pour la rectitude (atteindre le juste milieu moral par la pratique des vertus) ; le combat pour l'extase (l'annihilation du moi, *fanâ*, par l'extinction de tout désir humain dans l'unité de l'amour divin).

10. **Des marginaux.** — En marge de ce soufisme en quelque sorte régulier, plus personnel chez les uns, plus collectif chez les autres, se sont singularisées diverses catégories de mystiques. Les *Malâmatî*, par exemple, les « hommes du blâme », reçoivent ce nom du fait qu'ils s'exposent volontairement à la critique et à la censure publiques. Ils masquent une vie intérieure réelle et vertueuse, parfois très avancée, sous des dehors extravagants et même provocateurs, de telle sorte qu'ils soient pris pour des vicieux, ivrognes, sensuels, débauchés, désaxés, et qu'ils soient en conséquence méprisés et rejetés par la société. D'innombrables et pittoresques anecdotes couraient sur leurs excentricités, qui ne furent pas toujours exemptes d'une insane et trompeuse fatuité : une ostentation à rebours. Ce mouvement de mysticisme aurait pris naissance au IXe siècle, à Nishapur. Ses vrais adeptes se moquent de l'opinion, ayant pour seul objectif de rester absorbés en Dieu.

Des excès conduisirent à une provocation antisociale, pour une soi-disant exigence d'intériorité et d'authenticité religieuses. L'apparition de ces *Qalandarî* est signalée à Damas, au XIIIe siècle. Avec des vêtements distinctifs, les cheveux et la barbe rasés, le port de la moustache, des boucles d'oreille en fer censées symboliser la pénitence, ils étalaient leur opposition à une société corrompue, injuste, violente et hypocrite. Ils mettaient une calme agressivité à tourner en dérision les conformismes sociaux, des pratiques extérieures trompeuses, pour exalter une vie simple et sereine, souvent alliée à une fervente piété.

Une autre déviation procédait, elle, d'un certain esthétisme, à vrai dire peu répandu, mais chanté par quelques poètes. S'inspiraient-ils d'une dialectique ascendante, dérivée du *Banquet* de Platon ou des

Confessions de saint Augustin, par laquelle le contemplatif s'élève de la beauté sensible à l'idée pure de la beauté, à la fois bonne et vraie ? Des mystiques se risquèrent en effet à rechercher l'extase dans la contemplation de la beauté physique, en l'occurrence la beauté d'un adolescent, dont ils demeuraient séparés, selon certains auteurs, par une rose. Ainsi que tous les grands maîtres, Ibn 'Arabi met en garde contre une telle pratique, visant à transformer en une sorte de « didactique » la présence d'un bel et jeune imberbe, qui sert de « témoin » *(shâhid)*. Le contemplatif tendrait ainsi à s'élever à une contemplation de la beauté suprême, dont le témoin est le miroir : il réaliserait le passage du présent visible à l'absent invisible, du temporel à l'éternel, non par un raisonnement, mais par une progressive illumination. Cette technique comporte le risque évident d'un vertige existentiel, auquel il semble bien que l'affectivité des expérimentateurs n'ait pas toujours échappé. Aussi Ibn 'Arabi la considère-t-il comme « le plus grave des écueils et la plus immorale des scélératesses ». Elle ne pouvait séduire que des libertins, à ses yeux, plus attirés par ces facilités risquées que par les pouvoirs abrasifs de l'ascèse.

Certains groupes recoururent aussi à l'usage de la drogue, haschich et opium étant de consommation courante en certaines régions, pour obtenir l'apaisement physique ou l'exaltation imaginative. Mais il importera de ne pas confondre des effets psychédéliques, d'origine chimique, avec les phénomènes mystiques, d'un tout autre ordre.

CHAPITRE VI

RÉALISATION :
L'UNION TRANSFORMANTE

L'histoire du soufisme est riche en phénomènes qualifiés indistinctement de mystiques. Un rigoureux discernement, cependant, s'impose. Les faits rapportés appartiennent souvent à la légende hagiographique. A supposer qu'ils n'échappent pas à la critique historique ou analytique, ils relèvent au moins en partie de la parapsychologie : télépathie, clairvoyance, prémonitions, visions, auditions, révélations, communications avec des défunts, etc. ; ou, si l'on peut dire, de la paraphysique : lévitation, bilocation, parcours ultra-rapides, marche sur les eaux ou le feu, envol, miracles divers. Accidents ou déviations, rien de tout cela n'appartient en propre au soufisme ; il enseigne au contraire à cultiver pardessus tout le silence du désert intérieur et l'intimité de la relation avec Dieu.

1. **Où commence la mystique ?** — Les maîtres soufis se montrent très partagés quant à ces phénomènes. Les uns les décrivent avec un intérêt attentif, les autres s'en méfient avec une prudente circonspection et n'y voient aucune preuve de sainteté, ni d'intervention divine ; la plupart s'accordent à recommander l'indifférence et à leur préférer la pratique des vertus, la rectitude morale, l'ascétisme, la prière et la méditation, qui sont des signes plus sûrs de vie mystique authentique. Bastâmi (m. 1454) énumère des règles,

à l'usage des ermites et des cénobites, qui garantissent la sûreté de la voie mystique plus que ces phénomènes. Malgré toute l'importance qu'ils prennent dans sa vie, Ibn 'Arabi reconnaît qu'ils ne sont souvent que des tentations, permises par Dieu, pour éprouver l'orgueil et le jugement de ceux qui s'illusionneraient sur leur portée. « Le phénomène mystique, écrit-il, se trouve à l'intérieur de l'homme... » Certains milieux soufis, cependant — comme il s'en trouve dans toutes les religions —, ont laissé l'esprit critique céder le pas à une propension assez vive à ces cérémonies exaltées, qui se terminent en hystéries collectives, en rites paroxystiques et orgiastiques, en exhibitionnisme de prodiges.

2. **La grâce.** — Le processus de sanctification n'aboutit pas à l'extase, comme au terme obligé d'une préparation méthodique, qui serait l'œuvre exclusive de l'homme. Les états seconds, que peuvent déclencher des techniques psychosomatiques ou des adjuvants chimiques, ne caractérisent ni la mystique, ni la sainteté. Le saint n'est pas le produit d'un champignon, non plus que de ses seules œuvres. La vie mystique se développe par une avance préalable, par un accompagnement continu et par une réponse finale de Dieu. Le mystique se soumet à l'action de Dieu, il ne soumet pas Dieu à son action. Le soufi ne cesse, selon Ibn 'Arabi, d'implorer la grâce, à la fois stimulante et illuminante. Elle affecte tous les niveaux du psychisme, que des soufis nomment les « enveloppes concentriques ou les manteaux de l'âme » : sens, sensibilité, désirs, intentions, « l'intime de l'intime ». Le combat de l'homme *(mujâhada)* contre Satan, le pervertisseur, est assisté, tout le long du parcours *(safara)* sur la voie, par les secours célestes

du Convertisseur. La foi en cette grâce soulève l'itinérant. Il ne la professe plus seulement en parole, il en éprouve la vérité au fond de sa conscience. C'est le sentiment spirituel d'une présence aimée, une saisie quasi directe de la vie en sa source, comme une ineffable et encore obscure intuition de la lumière.

L'expérience mystique n'est pas, sous cet influx de la grâce, un état passif, dans lequel le croyant attend le bon vouloir de son Dieu. Elle comporte des voies, elle dicte une attitude, elle commande des actes. La lutte intérieure de l'ascète, sur le chemin de l'union mystique, est une des plus terribles batailles qui se puisse concevoir. Dieu ne se laisse ni violer, ni forcer ; l'ascète se prépare à l'étreinte divine, Dieu seul l'accorde. Mystérieuses et réciproques approches de l'amour et de la liberté.

3. **Charismes et miracles.** — Les soufis distinguent charismes et miracles. Les premiers sont des faveurs particulières dont bénéficie le mystique, telles que les visions, les illuminations, les inspirations ou révélations, etc., à condition qu'il ne s'en glorifie pas lui-même. Les miracles sont destinés au prochain, pour accréditer le message du prédicateur : ils sont comme une caution divine de la vérité de la parole. Rompant, en effet, le cours normal des choses, ils témoignent d'une intervention divine. Le miracle incite à la conversion, le charisme à la perfection. Le mystique suit sa voie, sans demander à Dieu de faveurs exceptionnelles, ni rechercher des prodiges ou des pouvoirs.

Les charismes *(karama)* délivrent l'âme de certaines servitudes, qui tiennent aux conditions de la vie charnelle et terrestre. Ils mettent déjà l'âme en harmonie avec les conditions de la vie céleste, auxquelles la pratique des vertus a préparé leurs bénéficiaires. Ce sont des dons de Dieu, qui récompensent la ferveur des croyants. Ibn 'Arabi en distingue huit catégories, chacune d'elles étant appropriée à un sens ou à un organe, dont elle élève le seuil de perception au-dessus des lois naturelles. Chaque charisme agit comme source à la fois de lumière et d'énergie. Il n'est pas nécessairement un signe de perfection, mais un adjuvant pour avancer soi-même sur la voie et, quelquefois, diriger les autres. « La perfection et la sainteté peuvent coexister, dit-il, avec la privation des charismes, car ceux-ci ne sont pas leur condition indispensable. Le plus grand des charismes, c'est de marcher sur le chemin de la rectitude morale » (trad. B. Dubant).

4. **L'extase.** — L'extase rompt et unit, rupture avec un moi centralisateur (autotélique), union avec un Autre, diffusif de Soi. Les descriptions psychologiques de l'extase, quel que soit le milieu religieux où elle se produit, présentent des traits analogues : insensibilisation au monde extérieur ; possession réciproque des amants dans une union telle que s'efface toute notion de multiplicité ; intuition expérimentale, sans concept ; vision absorbante et sans image. Cette absence de toute médiation est liée à l'intensité même de l'expérience. L'acte mystique à son sommet est à la fois passivité et activité extrêmes, négation et affirmation absolues, immanence et transcendance confondues, coïncidence des contraires.

Ibn 'Arabi, fort de sa propre expérience, discerne six phases dans le processus de formation de l'extase : tous les actes perdent leur caractère humain et passent sous l'influx exclusif de Dieu ; toute faculté de perception et de contrôle est abandonnée à Dieu ; toute image et la conscience de soi s'évanouissent ; le sujet entre en possession de Dieu qui seul agit, vit et contemple en lui ; vacuité absolue du créé ; Dieu seul subsiste, présent comme Etre absolu, unique, béatifique. Les états spirituels les plus insaisissables sont décrits avec une subtile perspicacité par de nombreux maîtres soufis. Leurs œuvres constituent une extraordinaire fresque psychologique de la vie ascétique et mystique, aux prises avec les embûches intérieures de l'illusion, du désir et de la perversion.

L'extase ne résulte pas d'une intention délibérée. Nombre de maîtres en déconseillent formellement la recherche. Tout effort pour la provoquer la rendrait suspecte. Elle est soudaine, imprévue, précédée, souvent, d'un moment d'inquiétude ou d'angoisse. Elle devient moins rare, quand le mystique entre dans la phase suprême de l'union transformante. Quasi normale chez certains, elle n'est jamais assurée. Son absence n'est nullement un signe d'imperfection spirituelle ; elle s'expliquerait plutôt par la robustesse d'une nature, plus capable de supporter le choc psychologique de l'illumination et de l'amour divins.

Avec beaucoup de sagesse critique, Ibn 'Arabi propose trois critères, pour distinguer une extase vraiment mystique d'un simple phénomène psychophysiologique, dont toutes les apparences seraient identiques : le conditionnement du sujet (austérité excessive, jeûnes et veilles prolongés, drogues, alcools, excitants ; tempérament hypersensible et imaginatif) ; le contenu significatif ou symbolique des visions et révélations ; les qualités morales du sujet antérieures à l'extase ou au phénomène et les effets consécutifs sur le sujet et sur son entourage. Ce que recherche le vrai mystique, ce n'est pas l'extase (*wajd*, perte de conscience), c'est le lumineux amour de Dieu, l'instase, l'union intime et intense.

5. **La transfiguration.** — Selon les mystiques soufis, l'union divine est réellement transformante : l'âme humaine accède à une vie d'un ordre différent. Ils s'opposent ainsi aux interprétations purement intellectualistes, comme celles des Qarmates, qui rejetaient l'idée d'une transfiguration en profondeur, pour ne s'en tenir qu'à l'extase philosophique, dont ils croyaient voir l'esquisse dans les *Ennéades*, une pure illumination de l'esprit. Dans cette expérience, tout l'appareil discursif par lequel nous formulons la divinité se résorbe, se dissout ; toute conceptualisation s'anéantit dans le vide ; il ne subsiste plus dans l'extase des sens, des images et des idées, que l'évidence d'une lumière infinie et indéfinie. La déroute de l'intelligence conceptualisante se mue en une victoire de l'intelligence sur un autre plan, celle de l'intelligence intuitive, qui passe, sous l'éblouissement de l'évidence, sous l'illumination de la clarté divine. Aveuglée aux concepts, elle est récompensée par la vision, comme le contemplatif qui se brûlerait les yeux aux rayons du soleil à force de regarder cet astre et qui, devenu aveugle des sens, garderait éternellement la conscience de la plus brillante des lumières. Cette union de l'âme à la lumière divine reste de l'ordre intellectuel, selon l'interprétation philosophique. Le mystique aspire à beaucoup plus, à une union transformante de l'être, l'amour le projetant dans l'autre, la connaissance projetant l'autre en lui, dans une prodigieuse extase et instase, au cours de laquelle il n'est plus le même : il est transfiguré.

A ce niveau, les différences conceptualisées des religions s'évanouissent. L'expérience mystique s'avère interreligieuse, parce qu'elle apparaît d'abord supra-dogmatique. Elle n'est plus *theoria* de Dieu, elle est *praxis* de Dieu ; le mystique ne se pense pas Dieu, il se vit Dieu. L'annihilation mystique du moi *(fanâ)* conduit à éliminer toute zone d'obscurité de l'être pour que resplendisse la pure lumière, dans une parfaite transparence. Pour le soufi, son union transformante à Dieu, sa « surexistence divine » annihile en la sublimant l'annihilation de son « existence humaine ».

6. **Le dilemme de l'amour.** — La mystique d'un amour unificateur entre Dieu et une créature semble se heurter à la tradition orthodoxe de l'Islam. La foi en l'unité transcendante de Dieu ne se concilierait pas, en effet, avec l'ambition d'une union d'amour, qui occulterait cette transcendance, s'il est vrai que l'amour, plus il est grand, plus il tend à fusionner les différences. Les mystiques exhalent pourtant cet ardent désir et ils en affirment la possibilité. Ou bien, leur objectent les ulémas, ils trahissent la foi musulmane en la transcendance de Dieu, et c'est une hérésie ; ou bien ils abolissent le statut de créature et versent dans le panthéisme, et c'est une hérésie, doublée d'une contradiction. Les théologiens du soufisme se sont efforcés d'échapper à ce dilemme, en approfondissant à la fois le sens de l'être et le sens de l'amour, à partir d'un donné à leurs yeux révélé, à savoir la relation dialectique : Créateur-créature.

Si Dieu seul Est, dans la plénitude infinie et absolue de l'Etre, la créature ne peut pas être, sauf à imposer par son être propre une limite à l'Etre infini : ce qui est une contradiction. Elle n'a donc un mode d'être que par l'Etre même, suivant une relation contingente et dans un sens analogique du terme d'être. De même, sans Lui, elle ne peut agir, penser, aimer. C'est Lui qui se manifeste par elle, qui est et agit en elle. Mais cette relation existentielle, commune à tout le créé, peut comporter de plus une relation intentionnelle,

dans les créatures capables de connaître et d'aimer.
Ces mots d'Ibn 'Arabi résument cette dynamique :

> « Nés de l'amour,
> Créés avec amour,
> Tendus vers l'amour
> Pris dans ses bras. »

Il n'est donc pas inconcevable pour de telles créatures, quand elles aiment Dieu d'un amour total, de dire que Dieu s'aime en elles et qu'elles s'aiment en Lui. À l'extrême, elles se « réalisent » spirituellement en Dieu ou Dieu les « réalise » en Lui dans un amour lumineux. Elles existent enfin, sorties du néant par un même et réciproque amour, elles sont. Par cette relation réciproque d'un don total, l'amant se « réalise » dans l'aimé et l'aimé dans l'amant.

> « Je suis celui qui aime
> Et celui que j'aime c'est moi. »

Ces vers, qui condenseraient toute la doctrine soufie, s'explicitent en cette oraison de Hallâj : « Unifie-moi, ô mon Unique (en Toi), en me faisant vraiment confesser que Dieu est Un... Je suis Vérité en puissance, et comme la Vérité en acte *(al-Haqq)* est son propre potentiel, que notre séparation ne soit plus ! Voici que s'illuminent des clartés rayonnantes, scintillant avec les lueurs de la foudre !... Ton Esprit s'est emmêlé à mon esprit, comme l'ambre s'allie au musc odorant. Que l'on Te touche, on me touche ; ainsi, Toi, c'est moi, plus de séparation » (trad. L. Massignon, *Dîwân*). Quoi qu'on dise, un tel amour restera toujours ineffable, car il est comme « un attribut de la sublime majesté divine ». Les soufis s'enivrent de ces mots approximatifs, sachant bien qu'ils esquissent seulement, avec l'insuffisance du langage, le silencieux mystère de cette union d'amour, immuable pour l'Un, transformante pour les autres.

7. **La transparence de Dieu.** — Deux en un, un en deux. L'âme est intérieure à son Dieu, Dieu intérieur à l'âme. Pas plus de différence entre eux qu'entre le soleil et sa lumière. L'âme lumineuse est comme un des rayons de ce soleil, elle n'existe plus sans son foyer et celui-ci n'existe plus sans irradier en elle et par elle. Une correspondance mystérieuse relie le Créateur et la créature spirituelle. Toute la voie mystique consiste à vivre cette relation dans la lumière de l'amour, au lieu de la laisser dans les ténèbres de l'ignorance et de l'indifférence. Alors Dieu traverse le voile et transparaît au mystique et, par le mystique, il transparaît au monde. Ce n'est plus seulement la lumière réfractée d'un miroir, c'est plutôt la lumière se diffusant directement à travers les brumes et les dissipant.

La transparence de Dieu en toute chose est aussi l'un des thèmes favoris du mysticisme soufi. Mais, pour être sensible à cette transparence, il faut que le regard ne soit pas lui-même opaque. Cette opacité du regard vient du désir des biens créés, de l'amour de soi-même. Le détachement purifie, bien plus il convertit, c'est-à-dire il tourne vers Dieu, et non plus vers le moi, toute la capacité d'aimer. La présence de Dieu en nous suppose notre absence du monde et de nous-mêmes : la vacuité, ouverte. Nous pourrons ensuite revenir au monde, quand notre regard aura la pureté du regard de Dieu. Tout ce qui subsiste en nous, qui n'est pas désir de Dieu, fait obstacle au désir de Dieu d'habiter en nous. C'est ce qu'exprime admirablement un poème attribué par Ibn 'Atâ 'Allah (m. 1309) à Ibn al-Gars, mystique par ailleurs inconnu :

> « O absent à qui Dieu est présent,
> T'absenterais-tu de Lui, alors que tu ne vois que Lui ? »

8. **L'instant privilégié.** — Tous les mystiques, lors-qu'ils s'expriment sur leur union à Dieu, parlent d'un « instant », un instant privilégié, hors du temps, un goût d'éternité. Il n'y a pas lieu de distinguer des degrés dans un tel instant. Il est, ou il n'est pas. Ce qui le caractérise d'abord, c'est sa soudaineté. Il est d'une telle intensité qu'il est indivisible en moments, car il absorbe toutes les capacités de l'être dans un acte unique. Son aspect « intemporel » vient justement de cette absence de succession, de cette intensité sans mouvement, de cette concentration totale du multiple en l'un, de l'union à l'absolu. Quand l'instant cessera, l'être sera marqué du sceau de l'éternel et il se sentira comme étranger à lui-même dans les états provisoires qu'il traversera. Le poète peut être possédé par une inspiration créatrice, un « enthousiasme », que l'on a conçu comme une présence du divin en lui. Des poètes athées, tel Lucrèce et combien d'autres, ont connu une telle inspiration. Mais l'instant proprement poétique serait plutôt d'ordre cosmique, psychique ou métaphysique. Quand le poème devient mystique, il traduit une expérience qui n'est plus uniquement poétique.

L'instant métaphysique est celui qu'ont connu un Platon, selon la VIIe lettre, un Plotin, un Descartes, un Spinoza, quand, au terme de longues méditations, ils ont eu soudain, comme en un éclair, la notion intellectuelle, ou l'intuition, de la vérité qu'ils cher-chaient. C'est, toute proportion gardée, le même éblouissement, pénétré d'une joie intense, que l'on éprouve quand on découvre la solution longtemps cherchée d'un problème difficile ou la beauté d'un système dont la cohérence nous apparaît soudain dans sa totalité et sa profondeur. Mais il ne dépasse pas encore l'ordre de la création.

L'instant mystique dépasse cet ordre. Non pas qu'il l'exclue. Mais, outre la connaissance, outre la gnose ésotérique, il implique une union d'amour, une adhésion de tout l'être, il est à la fois vision et don. L'accession à la lumière est fruit de l'amour, plus encore que de la recherche intellectuelle et de l'initiation par un maître à une tradition. L'union mystique est la synthèse de la connaissance et de l'amour, réalisant la plénitude de l'être. Aussi se place-t-elle au sommet de l'évolution spirituelle, comme la réintégration la plus parfaite du multiple dans l'Un. C'est le triomphe accompli de l'érotropisme de l'esprit.

Attar attribue à Khorqâni ce mot décisif : « Dieu est mon instant *(waqt)*. » C'est dire que le mystique ne pense le temps qu'en fonction de Dieu. Rien n'existe pour lui que Dieu, il ne vit qu'en Dieu et par Dieu. Ainsi tout se contracte et s'intensifie en un instant, l'acte d'union le plus parfait n'a plus de mesure temporelle.

> « O mystère que l'Etre apparaisse dans le néant
> et que subsiste le temporel,
> avec Celui qui a l'attribut de l'éternité. »
>
> (Ibn 'Atâ 'Allâh, trad. P. Nwyia.)

Dans les conditions terrestres de la vie humaine, cet instant s'isole comme une note indéfinissable, soudain surgie d'un champ sonore, d'une trame d'autres notes, provoquant une rupture de rythme et de niveau. Il touche aux deux extrêmes, à la vie de Dieu et tient ainsi de l'éternité par sa cime, à la vie de l'homme et tient ainsi du temps par son support. L'instant extatique n'est encore qu'une image imparfaite de l'Instant définitif, où l'union sera consommée pour l'éternité. Ainsi l'extase n'est-elle qu'une étape, et pas encore la fin, qu'un état transitoire et pas encore définitif.

Un jour, Aboû'l Sawdâ interroge Hallâj : « Pour le Sage, y a-t-il encore un *instant*? — Non, répond le maître. — Pourquoi? — Parce que l'*instant* est une brise de joie qui se lève soudain de la tristesse, tandis que la sagesse est un océan dont les flots baissent et remontent : aussi pour le Sage, l'instant est une nuit obscure. » L'extatique ne connaîtra plus l'extase passagère dans l'éternité car il n'y aura plus ni ombre, ni tristesse, ni répétition.

9. **« Ailleurs existe »**. — La foi dans une vie future et éternelle, Paradis ou Enfer, alimente la méditation des mystiques et module leur sensibilité. Des houris séduisantes tiennent dans l'eschatologie musulmane une place aussi importante qu'équivoque. Après la résurrection des corps, elles dispenseraient les joies corporelles les plus vives, sans que s'ensuive aucune procréation. Elles accorderaient le repos du guerrier aux élus qui le désireraient. Toutes sortes de compromis furent imaginés entre ces délices et le bonheur pur d'une amoureuse contemplation de Dieu.

Cette conception sensualiste du Paradis, propre à séduire les foules et les violents, est peu à peu transfigurée par les mystiques et par la force des symboles. Les danses gracieuses des houris cèdent la place aux saintes processions. Le rêve nuptial s'évanouit en pure vision de l'Essence divine, seule source de la joie parfaite. A l'exaltation des sens se substitue l'illumination des consciences. Aux plaisirs nés de contacts extérieurs, l'ineffable joie intérieure de l'union divine. Les qualités infinies de l'Aimé envahissent l'être de l'amant, qui se fond dans l'Etre de son Créateur. Mais perçoit-on tout ce que cette sublimation de la créature présuppose de renoncement à ses limites? Limites, certes, mais si attachantes qu'on ne les franchit pas sans déchirement. La vie paradisiaque est ainsi transformée par la transmutation même de l'amour, dont les houris légères deviennent les purs symboles. Elles seront les guides célestes du désir. Elles auraient inspiré le personnage dantesque de « Béatrice ». Avec son art des formules tranchantes, Bistâmi avait dissipé les rêveries aphrodisiaques : « Celui qui voit Dieu, que lui font les houris ? » Et que lui font les préoccupations d'une autre vie. Aime Dieu, et qu'importe la suite !

10. **En conclusion : le soufisme et le monde d'aujourd'hui.** — Le soufisme se heurte dans l'esprit de nombreux musulmans à des critiques nouvelles, nées de sa confrontation avec la vie moderne. Il lui est reproché, surtout dans les milieux d'implantation ancienne, d'être arriéré dans ses conceptions politiques, aventureux dans ses spéculations théologiques, enclin à la superstition et à la magie, manipulé par des partis et des charlatans. Bref ! il ne semblerait plus répondre aux besoins et aux aspirations de la société actuelle. Ces critiques ne peuvent concerner que certains groupes, qui ont été victimes d'influences étrangères à l'inspiration des fondateurs et des grands maîtres. Elles n'affectent pas l'essentiel d'un soufisme authentique.

D'autres critiques sont plus pertinentes. Plusieurs des services rendus jadis par les confréries, écoles, hospices, accueil, sont aujourd'hui assumés par les autorités civiles. La relation même de maître-disciple n'est plus acceptée comme autrefois. L'idéal de détachement des biens terrestres et de la primauté de l'amour de Dieu ne semble guère compatible avec les tendances de la modernité. Les échanges interculturels, les flux d'informations, l'essor technologique, les transferts de pouvoirs ont entraîné un phénomène de sécularisation, qui n'affecte d'ailleurs pas que l'Islam. De là des réactions d'intégrisme. Le soufisme est à l'opposé d'une telle attitude. C'est de l'intérieur, par la voie de l'amour et de la sagesse, qu'il entend orienter la vie personnelle et la vie de la communauté humaine.

Malgré tous ces obstacles, le soufisme subsiste. Bien plus, il se répand dans tous les continents, y compris l'Amérique, l'Europe, l'Océanie. Les voyages et les émigrations, la nouvelle accession de l'Islam à la puissance politique et économique ne suffisent pas à expliquer ce phénomène. Il répond à un désir irrépressible de vie spirituelle. Ce désir se manifeste avec d'autant plus de vigueur que se font plus écrasantes les forces matérielles, sociales, psychologiques, que mobilise cette civilisation technologique, informatisée, tendant à l'uniformité, sous couleur d'universalité. Sous cette poussée homogénéisante, le soufisme, tel du moins qu'il peut être perçu à travers ses colorations diverses, dont les siècles l'ont vêtu et parfois travesti, représente une force hétérogène, personnaliste et créative, un ferment de liberté contre toute forme de tyrannie, un appel aux ressources profondes des consciences. Sous le règne de l'inconscient, il affirme la souveraineté de la conscience, qui serait polarisée par amour sur une transcendance divine. Le soufisme maintient par son existence silencieuse, dans un monde de bruyante turbulence, l'affirmation qu'une relation personnelle avec Dieu demeure possible, qu'une telle relation s'impose tout au moins avec une transcendance, même innommée, qui soit supérieure à tous les pouvoirs, à toutes les idéologies, à tous les réductionnismes.

L'existence d'une telle relation, vécue et voulue par le soufi, modifie, non seulement sa vie intérieure, mais son insertion dans la vie sociale. Comme le disait un récent article de la revue *Tiers Monde* (n° 92, PUF), à propos de l'Islam, « il offre l'appui du transcendant quand s'effondre l'espoir du social ». Lorsque tout concourt, sans elle, à la domination du plaisir, du profit, du pouvoir, cette transcendance dirige au contraire toutes les forces du désir vers la libération de cette triple tyrannie, vers la générosité, la justice et la liberté. L'amour qui l'inspire et la constitue, au lieu de se rendre captateur, ne se veut que don, création, développement, partage, union. Né dans l'Islam, le soufisme a rencontré, ou éveillé, les plus nobles tendances de la conscience humaine et atteint la dimension de l'universel.

De même qu'il présente une face lumineuse, qui est celle de son authentique orientation, et une face d'ombre, qui est celle des possibles déchéances, la modernité aussi offre une double face. Une face libératrice, celle des sciences et des techniques qui substituent la machine à la main de l'homme, pour alléger les travaux les plus répétitifs et les plus pénibles ; qui augmentent les possibilités du savoir, de la compréhension interculturelle, des conditions matérielles de la vie et de la santé. Mais ces effets libérateurs n'iraient pas sans effets pervers, si les loisirs et les pouvoirs ainsi dégagés n'étaient pas employés, faute d'éducation, à un niveau supérieur d'activités humaines. Une liberté agrandie appelle un agrandissement des champs de conscience. D'autre part, la modernité présente aussi une face directement destructrice. Au lieu d'épouser la nature, elle l'épuise ; au lieu de la respecter, elle la défigure. Elle confère à l'homme un pouvoir prométhéen, qui se retourne contre lui, non seulement par la course aux armements, mais par le cycle accéléré de production-consommation-destruction, le tout aboutissant aux multiples formes de la régression. Le soufisme s'allie à la modernité libératrice ; il ne combat que la modernité destructrice et asservissante. Un des maîtres contemporains, responsable d'une confrérie douze fois séculaire, me disait, voici une dizaine d'années : « Le soufisme est capable, lui aussi, de servir notre époque. La tendance religieuse actuelle est à l'union, en même temps qu'à la liberté. Il y a dans toutes les religions une essence commune, immanente aux dogmes et aux rites, correspondant à une tendance profonde de l'âme humaine. Elle ne peut être saisie que dans une expérience spirituelle. C'est une expérience qui libère et unit à la fois. C'est à elle que le soufisme peut faire participer. Il s'enracine dans une tradition universelle, souvent mal comprise et trahie, qui est toujours à raviver comme un « éternel présent » ; en même temps, il s'élance en pointe à la rencontre des besoins religieux propres à l'homme moderne. Il demande des connaissances historiques et théologiques de religion comparée ; il recherche le sens profond des formules et des cérémonies ; il peut ouvrir l'esprit à de nouvelles conceptions de l'univers et à de nouvelles formes de relations humaines. Surtout, il prépare à une expérience directe des états de conscience supérieurs, une expérience transformante, fondée sur une ascèse et guidée par les témoignages des mystiques et des maîtres. » Le soufisme s'estime donc en mesure d'assumer la situation actuelle du monde : sa tradition spirituelle est capable d'accueillir la modernité, en ce qu'elles ont l'une et l'autre de libérateur à l'égard des plus hautes aspirations des consciences et à l'encontre de toutes les tyrannies. Il redit à la face du monde ces paroles du Prophète, d'une valeur universelle : « On n'échappe pas à Dieu, si ce n'est en Dieu même... L'avenir est vers Dieu » (Coran, 9, 118).

BIBLIOGRAPHIE

Abd el-Kader, Ecrits spirituels, présentés et traduits par Michel Chod-kiewiez, Paris, Seuil, 1982.
Anawati G. C. et Louis Gardet, Mystique musulmane, Paris, Vrin, 1968.
Arberry A. J., An Introduction to the history of Sufism, London, 1942.
Arnaldez Roger, Hallâj ou la religion de la Croix, Paris, Plon, 1964.
Asin Palacios Miguel, El Islam Christianizado, Madrid, 1931 ; trad. franç. par B. Dubant, Paris, Tredaniel, 1982.
Attar Farid ud Dîn, Le langage des oiseaux, trad. de M. Garcin de Tassy, Paris, Imprimerie Impériale, 1863.
— Le livre divin, trad. de Fuad Rouhani, Paris, Albin Michel, 1961.
— Le mémorial des saints, trad. de A. Pavet de Courteille, Paris, Seuil, 1976.
— Le livre de l'épreuve, trad. de Isabelle de Gastines, Paris, Fayard, 1981.
Avicenne, Livre des définitions, trad. et notes de A.-M. Goichon, Paris-Le Caire, Vrin, 1963.
— Le livre de science, trad. de Mohammed Achena et Henri Massé, Paris, Les Belles-Lettres, 1955.
— Le récit visionnaire, trad. et présentation par Henry Corbin, 2 vol., Paris, Maisonneuve, 1954.
Berque Jacques, Un mystique moderniste, Alger, Société historique, 1936.
Burckhardt Titus, Introduction aux doctrines ésotériques de l'Islam, Paris, Dervy, 1969.
Chevalier Jean, Le soufisme dans la tradition de l'Islam, Paris, Retz, 1974.
Coran, trad. de Régis Blachère, Paris, Maisonneuve, 1957.
— trad. de Denise Masson, Paris, Pléiade, 1970.
— trad. avec notes historiques et doctrinales, de Si Boubakeur Hamza, Paris, Fayard, 1972.
Corbin Henry, La philosophie islamique, dans Histoire de la philosophie, Encyclopédie de la Pléiade, t. I et III, Paris, 1979.
— En Islam iranien, 4 vol., Paris, Gallimard, 1971.
— Face de Dieu, face de l'homme, Paris, Flammarion, 1983.
De Jong F., Historical study in organizational dimensions of Islamic mysticism, Leiden, Brill, 1978.
Dermenghem Emile, Mahomet et la tradition islamique, Paris, Seuil, 1953.
— Vies des saints musulmans, Alger, Baconnier, s.d.
— Les plus beaux textes arabes, Paris, La Colombe, 1951.
Djalal Od-Dîn Rûmi, Odes mystiques, trad. de Eva de Vitray-Meyerovitch et Mohammad Mokri, Paris, Klincksieck, 1973.
— Le livre du dedans, trad. de Eva de Vitray-Meyerovitch, Paris, Sindbad, 1975.
Frank Hermann, Erkenntnis des Sufismus nach Ibn Kaldûn, Leipzig, Drugulin, 1884.
Gardet Louis et Anawati M.-M., Introduction à la théologie musulmane, Paris, Vrin, 1970.
— La pensée religieuse d'Avicenne, Paris, Vrin, 1951.
— Les hommes de l'Islam, Paris, Hachette, 1977.

Ghaffary (Emir E.), L'univers paradisiaque des soufis persans, Téhéran-Paris, Klincksieck, 1965.

Ghazâli, O jeune homme, trad. et introd. de Toufic Sabbagh, Beyrouth, 1951.

— Critère de l'action, trad. de Hokmat Hachem, Paris, Maisonneuve, 1945.

— Vivification des sciences de la foi, analyse de G. H. Bousquet, Alger-Paris, Maisonneuve, 1955.

Gilis Charles-André, La doctrine initiatique du pèlerinage, Paris, L'Œuvre, 1982.

Hallâj, Dîwân, éd. et trad. de Louis Massignon, Paris, Cahiers du Sud, 1955.

Hujwiri, Kashf Al-Mahjub, trad. anglaise de R. A. Nicholson, London, 1936.

Huzbehan (Baqli de Shiraz), Le jasmin des fidèles d'amour, introduction et trad. partielle de Henry Corbin, Téhéran, 1958.

Ibn 'Arabi, Sufis of Andalousia, trad. anglaise de R. W. J. Austin, London, 1971.

— La sagesse des Prophètes, trad. franç. partielle de Titus Burckhardt, Paris, Albin Michel, 1955.

Ibn al Fâridh Omar, L'éloge du vin, trad. de E. Dermenghem, Paris, Vega, 1931.

Iqbal Mohammad, Le livre de l'éternité, trad. de E. Meyerovitch et Mohammad Mokri, Paris, Albin Michel, 1962.

Lings Martin, Un saint musulman du xxᵉ siècle, Paris, Ed. Traditionnelles, 1967.

Massignon Louis, La passion d'Al-Hosayn ibn Mansûr, 2 vol., Paris, Desclée de Brouwer, 1937-1938 ; nouv. éd. revue et complétée en 4 vol., Paris, Gallimard, 1975.

— Essai sur les origines du lexique technique de la mystique musulmane, Paris, Vrin, 1968.

— Recueil de textes inédits concernant l'histoire de la mystique en pays d'Islam, Paris, Geuthner, 1929.

Mole Marijan, Les mystiques musulmans, Paris, PUF, 1965.

Nicholson R. A., Studies in islamic Mysticism, Cambridge, University Press, 1921.

— The Mathnawi of Jalal ud-Din Rumi, trad. et commentaires, 8 vol., London, Luzac, 1925-1937.

— The mystics of Islam, London, Routledge and Kegan, 1963.

Nwyia Paul, Ibn 'Atâ 'Allâh, Beyrouth, Librairie Orientale, 1972.

— Exégèse coranique et langage mystique, Beyrouth, Dar-El-Machraq, 1970.

Schimmel Annemarie, Mystical dimensions of Islam, University of North Carolina Press, 1975.

Sohravardî, L'archange empourpré (quinze traités et récits mystiques), trad. de Henry Corbin, Paris, Fayard, 1976.

Sourdel Dominique, L'Islam, Paris, PUF, 1968.

Trimingham J. Spencer, The Sufi orders in Islam, Oxford, Clarendon Press, 1971.

Vitray-Meyerovitch (Eva de), Mystique et poésie en Islam, Paris, Desclée de Brouwer, 1972.

— Rûmî et le soufisme, Paris, Seuil, 1977.

— Anthologie du soufisme, Paris, Sindbad, 1978.

Younous Emré, Le divan, trad. de Yves Régnier, Paris, Gallimard, 1963.

TABLE DES MATIÈRES

Imprimé en France
Imprimerie des Presses Universitaires de France
73, avenue Ronsard, 41100 Vendôme
Septembre 1991 — N° 36 947